W0200894

Blanche Segrestin, Kevin Levillain (Dir.), *La mission de l'entreprise responsable,* Paris : Presses des Mines, collection Économie et gestion, 2018.

© Presses des MINES – TRANSVALOR,
60, boulevard Saint-Michel – 75272 Paris Cedex 06 – France
presses@mines-paristech.fr
www.pressesdesmines.com

Couverture : © Pixabay

ISBN : 978-2-35671-528-9

Dépôt légal 2018
Achevé d'imprimer en 2018 (Paris)

Cette publication a bénéficié du soutien de l'Institut Carnot M.I.N.E.S.

Tous droits de reproduction, de traduction, d'adaptation et d'exécution réservés pour tous les pays.

La mission
de l'entreprise responsable

Collection Économie et Gestion

Dans la même collection :

Pierre-Noël Giraud, *Economie des phosphates*

Sophie Hooge et Roland Stasia, *Performance de la R&D et de l'innovation.*

Jamal Azizi, Pierre-Noël Giraud, Timothéé Ollivier, Paul-Hervé Tamokoué Kamga, *Richesses de la nature et pauvreté des nations.*

Olivier Baly, Léo Cazin, Jane Despatin, Frédéric Kletz, Elvira Periac, *Management hospitalier et territoires : les nouveaux défis.*

Blanche Segrestin, Kevin Levillain, Stéphane Vernac, Armand Hatchuel, *La «Société à Objet Social Étendu».*

Sebastien Gand Sebastien, Léonie Hénaut, Jean-Claude Sardas, *Aider les proches aidants.*

Laurent Brami, Sébastien Damart, Mathieu Detchessahar, Michel Devigne, Johanna Habib, Frédéric Kletz, Cathy Krohmer, *L'absentéisme des personnels soignants à l'hôpital, Comprendre et agir.*

Rebecca Pinheiro-Croisel, *Urbanisme durable.*

Yves Barlette, Daniel Bonnet Daniel, Michel Plantié Michel, Pierre-Michel Riccio, *Impact des réseaux numériques dans les organisations.*

Marine Agogué, *L'innovation orpheline.*

Albert David, Armand Hatchuel, Romain Laufer (coord.), *New Foundations of Management Research.*

Marine Agogué, Frédéric Arnoux, Ingi Brown, Sophie Hooge, *Introduction à la conception innovante. Éléments théoriques et pratiques de la théorie C-K.*

Albert David, Armand Hatchuel, Romain Laufer (coord.), *Les Nouvelles fondations des sciences de gestion.*

Pierre-Michel Riccio, Daniel Bonnet, *TIC et innovation organisationnelle.*

Serge Agostinelli, Dominique Augey, Frédéric Laurie (Coord.), *Entre communautés et mobilité : un approche interdisciplinaire des médias.*

Sophie Bretesché, Cathy Krohmer, *Fragiles compétences.*

Julie Labatut, *Construire la biodiversité.*

Armand Hatchuel, Olivier Favereau, Franck Aggeri (sous la direction de), *L'activité marchande sans le marché.*

Pierre-Michel Riccio, Daniel Bonnet, *Management des technologies organisationnelles.*

Daniel Fixari, Jean-Claude Moisdon, Frédérique Pallez, *L'évaluation des chercheurs en questions.*

Sous la direction de
Blanche Segrestin et Kevin Levillain

La mission de l'entreprise responsable

Principes et normes de gestion

MINES ParisTech | PSL

Sommaire

Introduction

De l'entreprise moderne à l'entreprise responsable : normes de gestion et mission

Blanche Segrestin

MINES ParisTech, Université PSL
CGS - i³ UMR CNRS 9217

Qu'est-ce qu'une entreprise responsable au XXIᵉ siècle ? Peut-on mettre en cause les entreprises quand leur stratégie conduit à des déséquilibres sociaux ou environnementaux ? Et comment repenser leurs obligations quand le changement climatique devrait notamment conduire à ce qu'elles renouvellent en profondeur leur mode de production et leur fonctionnement ?

Ce livre part d'un constat désormais imparable : la puissance créatrice de l'entreprise transforme le monde qui l'accueille. Cette puissance est à la fois indispensable pour répondre aux défis contemporains mais aussi potentiellement dangereuse. Jusqu'à présent, deux schémas classiques de responsabilité prévalaient : d'un côté les initiatives volontaires de responsabilité sociale et environnementale des entreprises (RSE), de l'autre les obligations fixées par l'État. Au-delà des normes impératives, on a considéré que la liberté d'entreprendre imposait de respecter les choix de gestion d'une entreprise. Ces mécanismes de responsabilité de l'entreprise ont atteint leurs limites : l'État ne peut canaliser les capacités d'innovation des entreprises, ni innover à leur place ; et les initiatives volontaires de RSE sont insuffisantes face aux défis de notre siècle.

Ce livre suggère donc une nouvelle approche de la mission des entreprises pour sortir de cette impasse et proposer de nouveaux schémas de responsabilité de l'entreprise.

Il montre que l'action collective menée dans une entreprise suppose nécessairement une gestion responsable et qu'il faut reconnaître des *normes de gestion* pour évaluer la légitimité des choix de gestion dans les entreprises sans pour autant remettre en cause la liberté d'entreprendre. En revenant sur les théories, mais aussi sur l'histoire et le droit de l'entreprise, l'ouvrage suggère que la *mission*, librement définie par l'entreprise et inscrite dans ses statuts, constitue une norme de gestion qui relie efficacité et responsabilité sociale et environnementale par le biais de l'innovation. L'enjeu d'une mission n'est pas de normaliser la gestion, ni la finalité de l'entreprise. Il s'agit au contraire de rendre possible un engagement collectif dans la construction de futurs souhaitables. Et de restaurer ainsi un cadre de gouvernance cohérent avec les fondements mêmes de l'entreprise.

1. Les normes de gestion : une catégorie oubliée

En janvier 2018, le groupe britannique de BTP anglais Carillion a subi une liquidation «pure et simple» (Escande, 2018). Une chute éclair pour un groupe de 43 000 personnes, qui laisse, outre de très nombreuses personnes sans emploi, une dette pour les caisses de retraite de 2,6 milliards de livres qui obligera à réduire les retraites de quelques 27 000 membres, et paralyse de nombreux secteurs. Et, comme le groupe était un fournisseur stratégique du secteur public, c'est l'État britannique qui a dû prendre la relève pour assurer que le fonctionnement des services essentiels (dans les hôpitaux ou les cantines scolaires…). Chute d'autant plus surprenante, observent les commentateurs et le rapport parlementaire, que quelques mois seulement avant, les comptes de la compagnie présentaient une «*rosy picture*» et permettaient un dividende exceptionnel en 2017 de 79 millions de livres (UK House of Commons, 2018). Ce cas illustre à l'extrême les dérives d'une gestion actionnariale[1] et ce que le rapport parlementaire qualifie de «*rotten corporate culture*». Mais si la comptabilité était présentée de manière à camoufler la situation, il n'est pas certain qu'on puisse imputer des fautes de gestion à la direction. Peut-on mettre en cause la «gestion actionnariale» au motif que les versements de dividendes élevés et systématiques étaient insoutenables pour le groupe (Hatchuel, 2018) ? Au Royaume-Uni, c'est désormais peut-être possible du fait d'une loi récente – et très controversée – le *Company Act de 2006,* qui a étendu les obligations des dirigeants[2]. Ceux-ci sont supposés désormais gérer l'entreprise de manière à promouvoir

---

1 A. Hatchuel parle d'une «overdose de gestion actionnariale», provoquée par la «force addictive et toxique qu'exerce une gouvernance vouée aveuglément au profit exclusif de l'actionnaire» (Hatchuel, 2018).

2 La loi *Company Act* – 2006 a introduit une obligation nouvelle pour les administrateurs (section 172). Les administrateurs doivent désormais agir de manière à prendre en compte plusieurs dimensions : «A director of a company must act in the way he considers, in good faith, would be most likely to promote the success of the company for the benefit of its members as a whole, and in doing so have regard (amongst other matters) to —

(a)the likely consequences of any decision in the long term,
(b)the interests of the company's employees,
(c)the need to foster the company's business relationships with suppliers, customers and others,
(d)the impact of the company's operations on the community and the environment,
(e)the desirability of the company maintaining a reputation for high standards of business conduct, and
(f)the need to act fairly as between members of the company.»

l'intérêt de la société en prenant en compte les conséquences à long terme de leurs décisions et pour les différentes parties prenantes.

Quelle que soit la manière dont le cas de Carillion sera traité par la justice anglaise, il pose selon nous clairement la question de la responsabilité des dirigeants. Qu'est-ce que bien diriger ? Sur quelle base mettre en cause une décision de gestion ? Peut-on poser des règles d'une gestion responsable ? La question des critères de la « bonne gestion » fait écho aux derniers travaux sur la démocratie de Pierre Rosanvallon : selon lui, le régime démocratique a été essentiellement pensé par la procédure démocratique du vote, mais il a manqué d'une théorie de l'exercice légitime du gouvernement, ou dit autrement d'une théorie du « bon gouvernement » (Rosanvallon, 2015). De la même manière, les réflexions sur la gouvernance des entreprises ont été récurrentes depuis le début du XXe siècle, et les propositions de réforme ont été nombreuses. Mais *il n'y a pas aujourd'hui de théorie explicite des normes de gestion* ou des principes pour évaluer des décisions de dirigeants ou pour contrôler qu'ils agissent de manière responsable.

Plusieurs facteurs peuvent expliquer pourquoi la question des normes de gestion a été, sinon évincée, du moins absente du champ juridique et scientifique.

Liberté d'entreprendre et intérêt social : le masquage des normes de gestion

C'est d'abord et avant tout le principe de la liberté d'entreprendre qui semble s'opposer à la reconnaissance de normes de gestion. Depuis la Révolution française, ce principe est clairement posé et est considéré comme ayant valeur constitutionnelle[3]. Aussi le droit a-t-il clairement évité de s'immiscer dans les choix de gestion ou de les évaluer. Il s'est historiquement retranché derrière un principe de liberté de l'entrepreneur ou de compétence (règle de l'« employeur seul juge » en France, ou « *Business Judgment Rule* » aux États-Unis)[4]. Et le juge ne peut pas en principe se prononcer sur l'opportunité des choix de gestion : selon Gérard Lyon-Caen (Lyon-Caen, 2002), le droit du travail serait ainsi un droit des « conséquences » (administration des relations) et non un droit de la gestion elle-même[5].

3 Cf. Décision n°81-132 DC du 16 janvier 1982, du conseil constitutionnel : http://www.conseil-constitutionnel.fr/conseil-con..decision-n-81-132-dc-du-16-janvier-1982.7986.html

4 « *The "Business Judgement Rule" grants that directors' decisions cannot be challenged by stakeholders in normal situations, i.e. if they were made in good faith, on an informed basis, and "in the honest belief that the action taken was in the best interest of the company"* » (Blair & Stout, 1999, p. 787).

5 Cela a des conséquences fortes qui ont été bien mises en évidence avec la séance sur le dialogue social : le dialogue social s'organise sur des objets périphériques à la gestion et au travail (il occulte le « travail constructif » selon F. Ginsburger) lui-même. On pourrait dire que le dialogue social a été structuré historiquement sur des objets qui évacuent le gouvernement de l'entreprise et plus largement ce qui fait entreprise.

Dans le champ scientifique ensuite, plusieurs thèses ont conduit à ce que la question des nomes de gestion ne soit pas posée.

- **La théorie du management.** En premier lieu, la fonction dirigeante dans l'entreprise, comme l'a montré de manière pionnière R. Laufer, consiste précisément à élaborer le cadre de normes quand celles-ci font défaut (Laufer, 2007; Laufer & Burlaud, 1997). Dès lors que l'action collective emprunte des voies inédites, les règles d'efficacité comme de responsabilité peuvent faire défaut. Aussi les cadres de légitimité classiques sont-ils inopérants : dans ce cas, « diriger, c'est légitimer » (Laufer, 1996), autrement dit, c'est construire le programme d'action en même temps que le cadre de règles qui lui permet d'être légitime (c'est-à-dire de résoudre les conflits le cas échéant). Dans cette optique, on comprend que la norme de gestion serait inhérente à la *fonction managériale*, et ne soit donc pas un objet de théorie.
- **La théorie du contrôle**. En second lieu, les débats sur la gouvernance ont été polarisés au XXe siècle autour de la répartition des droits à contrôler (qui contrôle ?) plutôt que sur les *objets du contrôle* (quoi contrôler ?). Ainsi, la recherche d'un équilibre entre capital et travail d'abord, et plus récemment, dans la représentation des différentes parties prenantes, a été la colonne vertébrale de la mise en discussion de la gouvernance par le droit des sociétés. On peut même rappeler que les principes de la *corporate governance* reposent eux-aussi sur l'idée que l'entreprise bien gérée est l'entreprise qui est *bien contrôlée* : la théorie ne défend pas un critère de « bonne gestion » (ni même de *valeur* actionnariale), mais soutient que – en situation d'asymétrie d'information – les risques d'opportunisme du dirigeant seront réduits si ceux qui les surveillent ont les meilleures incitations pour le faire. Or, les actionnaires n'étant *a priori* payés que si l'entreprise dégage un résultat positif, ce sont eux qui seraient les mieux à même de nommer et de contrôler les dirigeants (Alchian & Demsetz 1972).
- **La théorie de la société ou de l'intérêt social.** En troisième lieu, l'idée même de normer le comportement des dirigeants et de leur assigner des obligations à l'égard de différentes parties a été assez tôt rejetée au niveau théorique. Dès les années 1930, A. Berle proposait par exemple que le droit des sociétés devienne une branche du droit des *trusts,* et par là que des obligations particulières soient assignées aux dirigeants, au sens large, c'est-à-dire aux administrateurs voire aux associés en capacité de contrôler le devenir de l'entreprise (Berle, 1932). Cette proposition a été jugée peu réaliste du fait du manque de compétences des juges pour évaluer les décisions de gestion. Mais au-delà, il a été considéré qu'il fallait conserver la latitude d'action des dirigeants la plus large possible dans la mesure où, pour que la société prospère et se développe, les dirigeants devaient nécessairement prendre en compte l'intérêt des différentes parties

> prenantes. Cette thèse a d'ailleurs trouvé une formulation juridique : si les dirigeants ont des obligations, celles-ci sont avant tout à l'égard de la société – société anonyme – qui est en droit une personne morale distincte des parties prenantes et des associés en particulier. D'une certaine manière, l'idée que la société est une personne morale indépendante – une «*separate legal entity*» (Biondi, Canziani, & Kirat, 2008; Dodd, 1932; Veldman, 2018) – a conduit à écarter le principe d'obligations pour les dirigeants au profit des initiatives volontaires dans le courant de la RSE.

Ainsi, le cadre juridique aujourd'hui désigne aujourd'hui les associés de la société pour contrôler les dirigeants. Mais il ne précise pas, au-delà de l'intérêt de société, de normes pour évaluer la légitimité des choix de gestion.

Un cadre de responsabilité insuffisant

Ce cadre s'avère aujourd'hui insuffisant. L'intérêt social (ou l'intérêt de la personne morale) ne peut faire écran aux attentes des actionnaires car en pratique, les actionnaires sont les seuls porte-paroles de la personne morale. Le droit, avons-nous déjà montré, est asymétrique (Segrestin, Hatchuel, Levillain, & Vernac, 2014) : il autorise les actionnaires, en position de contrôle, à faire en sorte que l'entreprise soit gérée dans leur intérêt exclusif. Dans ces conditions, les ambitions sociales et environnementales que peuvent porter les dirigeants d'entreprise sont toujours conditionnées au consentement des associés. Aussi la RSE se limite-t-elle souvent aux initiatives qui contribuent effectivement à l'intérêt des associés.

Au-delà, c'est la soutenabilité même de l'entreprise qui est en jeu, comme l'illustre dramatiquement le cas de Carillion. Plusieurs études montrent que le versement de dividendes ou le rachat d'actions peut primer sur les investissements indispensables à la prospérité de l'entreprise (Lazonick, 2014). De ce point de vue, les investissements en recherche et développement sont les premiers sacrifiés, car leurs retours sont souvent très incertains et trop lointains pour les investisseurs. D'après Arora, la part de recherche fondamentale conduite par les entreprises privées serait ainsi en nette diminution depuis la fin des années 1980 (Arora, Belenzon, & Patacconi, 2015)[6]. Cette évolution montre que les entreprises, si elles continuent d'investir massivement en R&D, ont tendance à délaisser la recherche scientifique (ou à la déléguer aux start-ups), au profit d'investissements sur des développements technologiques à plus court terme, par exemple pour déposer des brevets avec des retours financiers clairs, voire pour acheter directement des brevets (Knott, 2017).

6 On observe ainsi une diminution du nombre de publications scientifiques par entreprise de 644/entreprise en 1980 pour les 30 % d'entreprises faisant de la R&D et publiantes, 260 publications par entreprise en 2007 pour avec les 11 % d'entreprises publiantes qui restent (Arora, Belenzon, & Patacconi, 2015).

Tandis qu'on parlait dans les années 1920 d'un «*welfare capitalism*», ce désinvestissement des entreprises pour la recherche est d'autant plus inquiétant à l'heure où les défis sociaux et climatiques appelleraient des investissements plus massifs que jamais dans la recherche et l'innovation.

2. La norme de la société *versus* la norme de gestion de l'entreprise

Le constat est donc le suivant: la gouvernance des entreprises s'est construite sans que des normes de gestion claires n'aient été formulées pour évaluer la gestion. Mais ce faisant, c'est la norme de la société anonyme qui s'est imposée pour la gestion de l'entreprise. On sait en effet que le droit n'a jamais défini l'entreprise, il l'a confondue avec la société (commerciale) (Robé, 1999, 2009).

Les recherches récentes menées à Mines ParisTech et au Collège des Bernardins ont mis en évidence que l'entreprise était pourtant née à la fin du XIXe siècle en s'émancipant précisément du cadre de la société anonyme.

L'entreprise moderne, un double mouvement d'émancipation et de libéralisation

L'entreprise est une entité collective qui s'est développée pour organiser la recherche scientifique et pour systématiser la capacité d'invention de nouveaux produits (chimie, électricité, téléphone, automobile, avion, cinéma...). Le passage de la société *commerciale*, à l'entreprise moderne indique un changement d'un régime productif à un régime de création de richesses (technologies, connaissances, modes de vie...) sans précédent.

La naissance de l'entreprise moderne comme dispositif de création collective se traduit d'abord par une modification profonde de la nature du travail qui passe d'une relation commerciale de prestation de service pour un «prix fait», à une relation d'engagement et d'investissement: les relations commerciales laissent place à une autorité de gestion chargée d'organiser des dynamiques d'apprentissage collective et d'innovation au travail (Lefebvre, 2003). Et le droit du travail viendra entériner cette autorité ainsi que la responsabilité de l'employeur à l'égard des salariés.

On assiste aussi à un transfert de la direction des sociétés des associés (ou des administrateurs) à des «*managing directors*» ou des directeurs généraux, souvent des ingénieurs en France (Joly, 2013). La naissance d'une nouvelle figure de chef d'entreprise correspond au passage d'une économie de la production à une économie basée sur l'innovation: le pouvoir ne tient plus à la propriété des ressources (machines, brevets...), mais bien à la capacité à concevoir de nouveaux programmes d'action et à créer de nouvelles ressources. L'autorité des dirigeants est de ce point de vue indissociable de l'irruption de la recherche scientifique et du développement technologique dans l'industrie. Elle renvoie également à une rupture épistémologique profonde, le nouveau corpus d'« administration générale » (*administrative science*) rompant en partie avec d'une part les finances et la comptabilité (affaires commerciales) et d'autre part l'économie politique.

L'entreprise correspond donc historiquement à un mouvement d'émancipation, fondé sur la science et le progrès, par rapport aux cadres économiques classiques. Juridiquement, elle a débouché sur la naissance du droit du travail. Elle a sans doute également poussé à la libéralisation des sociétés anonymes. Depuis que celles-ci étaient reconnues par le code du commerce en 1807, l'État exerçait un contrôle étroit sur leur création et sur leur objet social. Mais le principe de l'autorisation gouvernementale a été levé en 1867, au nom précisément de la liberté d'association et des promesses que représentaient les progrès de l'industrie.

La libéralisation du droit des sociétés dont avait besoin l'entreprise moderne signifiait-elle pour autant absence de normes de responsabilité ? Et dans la mesure où l'entreprise est un dispositif de transformation du monde (Segrestin, 2016), les normes de gestion ne sont-elles pas d'autant plus critiques pour veiller à ce que l'entreprise n'aille pas à l'encontre de l'intérêt général ?

Une réalité normative incontournable

En réalité, si les normes de gestion ne sont pas théorisées, elles ne sont toutefois pas absentes du paysage juridique. Le droit qualifie à de nombreux endroits des principes de « bonne gestion » comme source de responsabilité. Ainsi, dans le droit des sociétés déjà, les dirigeants doivent agir dans l'intérêt *commun* des associés (art. 1833 du code civil) et donc une stratégie discriminante construirait une faute. De même, on peut noter que la faillite a été autorisée, au terme de virulents débats au XIXᵉ, pour les « bons gérants », i.e. ceux qui respectaient *a minima* les règles d'une bonne comptabilité et montraient par là qu'ils ne faisaient pas courir de risques inutiles ou évitables aux créanciers (Robert, 1896 ; Thiveaud, 1993).

Plus récemment, et de manière très significative, le devoir de vigilance a été introduit en France en 2017 : la loi vise à faire en sorte que les entreprises maitrisent mieux les risques, notamment en matière de droits humains, de santé et de sécurité, associés à leur chaine de sous-traitance. En substance, l'entreprise donneuse d'ordre n'est pas responsable des dommages survenus chez ses fournisseurs. Mais la loi crée l'obligation d'établir un plan de vigilance pour identifier et prévenir les risques. C'est donc typiquement une règle de bonne gestion que la loi consacre : on ne peut passer commande sans mesures de vigilance appropriées.

De la même manière, les tentatives ont été nombreuses, en France comme à l'étranger pour caractériser des responsabilités des dirigeants à l'égard des différentes parties de l'entreprise et de l'environnement. *Les Constituencies Statutes*[7] aux États-Unis, comme le *Company Act* de 2006 en Grande Bretagne que nous avons cité, permettent, voire obligent, les administrateurs à prendre en compte l'intérêt de différentes parties dans leurs choix de gestion. Si ces dispositifs ont été peu mobilisés et que leur impact est discuté, ils distinguent néanmoins les objectifs de gestion de l'intérêt des seuls associés. On peut noter d'ailleurs que dans certains pays, l'obligation de gestion renvoie explicitement à l'intérêt de l'entreprise, en distinguant l'entreprise de la société. En Autriche (comme en Allemagne jusqu'en 1965), une norme fait explicitement référence explicitement à l'entreprise en la dissociant de la société :

> « Le directoire doit conduire, sous sa responsabilité, la société comme l'exige le bien [la prospérité] de l'entreprise, en considérant les intérêts des actionnaires et des salariés, ainsi que l'intérêt public[8] ».

De tels précédents confirment la nécessité de travailler à une théorie des normes de gestion. Qu'est-ce qui permet de fonder une norme de gestion ? Qu'est-ce qu'un État peut ou doit imposer aux dirigeants d'entreprise dans leur stratégie et dans la manière dont ils conduisent leur action ? Et en particulier, dans la mesure où l'entreprise aujourd'hui est susceptible d'influencer le sort de la planète et l'avenir du monde, qu'est-ce qu'une gestion légitime et responsable au XXIe siècle ?

3. La mission de l'entreprise responsable : plan de l'ouvrage

Ce livre vise à poser les bases d'une réflexion sur les normes de gestion, afin de renouveler les schémas de la responsabilité de l'entreprise et de formuler des propositions de réforme capables de concilier création collective avec responsabilité sociale et environnementale.

7 Les *Constituencies Statutes* autorisent (ou obligent) dans certains états, les dirigeants, en exerçant leurs fonctions et en prenant leurs décisions, de prendre compte les intérêts d'un certain nombre de parties prenantes dont la liste est précisée dans la loi (employés, clients, communauté, etc.) (Orts, 1992). Une trentaine d'États américains ont adopté ces statuts depuis 1983.

8 (§ 70 Abs 1 AktG idF BGBl I. Nr. 98/1965) : *"Der Vorstand hat unter eigener Verantwortung die Gesellschaft so zu leiten, wie das Wohl des Unternehmens unter Berücksichtigung der Interessen der Aktionäre und der Arbeitnehmer sowie des öffentlichen Interesses es erfordert"*. Cette formule dérive d'une formule instaurée en Allemagne comme en Autriche en 1937. La distinction entre entreprise et société était (et reste) de manière très significative masquée des traductions : « Le directoire doit, sous sa propre responsabilité, conduire la société comme l'exigent le bien (*Wohl*, la prospérité) de l'entreprise (*Betrieb*, de l'exploitation) et de son personnel (*Gefolgeschaft*, les membres du *Betrieb*, de l'entreprise), et le bénéfice (*Nutzen*, l'intérêt) commun du peuple et du Reich (de l'Empire) ».

Nous nous proposons de montrer que la gestion implique nécessairement des normes de responsabilité, et que le management est né avec une norme managériale singulière qui était une norme de progrès collectif. Une telle norme a été progressivement oubliée, faute d'avoir été suffisamment conceptualisée. Mais aujourd'hui, il nous semble possible à la fois de restaurer des normes générales de responsabilité et d'intérêt collectif mais aussi d'inviter les entreprises à spécifier quel progrès collectif elles se donnent comme objectif.

Les entreprises à mission donnent l'exemple en définissant dans les statuts de leur société, un objectif d'ordre social ou environnemental. Le modèle de l'entreprise à mission, issu des recherches menées à MINES ParisTech et au Collège des Bernardins (Levillain, 2017), repose sur trois piliers :

- La formulation d'une mission, c'est-à-dire d'une finalité collective, d'ordre technique, social, environnemental, humain ou scientifique, qui dépasse la réalisation et la distribution d'un profit, mais n'en limite pas sa distribution pour autant ;
- L'engagement des actionnaires envers cette finalité, notamment au travers de l'inscription de cette finalité dans les statuts de la société, qui lui donne un caractère juridique et un ancrage à long terme dans la stratégie de l'entreprise ;
- Des procédures de contrôle et d'évaluation propres à la mission, qui assurent le moyen à l'ensemble des parties engagées dans le projet collectif et concernées par la mission de contrôler le respect des normes de gestion et de cette mission par les dirigeants.

L'engagement sur une mission, c'est-à-dire sur une finalité positive ou sur un progrès désirable ne conduit à *normaliser* ni la gestion ni les finalités des entreprises. Mais il débouche sur des objectifs de gestion à l'aune desquels l'action des dirigeants pourra être évaluée. Et cela donne le sens de l'action collective qui permet aux parties de se mobiliser et à l'entreprise d'être responsable.

L'ouvrage est organisé en trois parties que nous passons en revue rapidement.

Liberté d'entreprise et fondements des normes de gestion

La première partie présente la notion de norme de gestion, en montrant que loin de s'opposer à la liberté d'entreprendre, les normes de gestion sont au fondement de la légitimité de l'entreprise, et a fortiori de l'entreprise moderne de création collective. D'où la nécessité de qualifier les normes universelles de gestion pour passer d'un droit des sociétés à un droit de l'entreprise.

Normes de gestion, action collective et fondements de l'entreprise

Dans le premier chapitre, Armand Hatchuel montre que l'action collective, pour être légitime, suppose des normes de gestion. Il montre comment on a pu être prisonnier d'une représentation réductrice de la liberté d'entreprendre dans la mesure où l'entrepreneur a été pensé au travers de la quête d'un profit incertain, sans intégrer les enjeux de l'action collective. Loin de s'opposer à la liberté d'entreprendre, il faut au contraire penser les normes de gestion comme *ce qui légitime la capacité d'action vis-à-vis d'autrui*, et en particulier ce qui peut rendre acceptable la poursuite d'un profit individuel. Une norme de gestion « libère l'action collective en fixant les règles qui lui permettent d'exister ».

Cette proposition est corroborée par l'étymologie du terme latin « *gerere* » lui-même. Dans la terminologie romaine, ce terme (*gerere*) est apparu à la fin de l'ère de la République et pour caractériser une catégorie légitime et spécifique de l'action gouvernementale. *Gerere* ne signifie ni le fait d'agir (*agere*), ni de provoquer l'action (ex. les États font la guerre – *facere*), mais de donner cadre, de conduire l'action (sans nécessairement y prendre part) dont on est pleinement responsable (Crété, à paraître). La responsabilité se décline sur différents registres : *justicia* et *humanitas* notamment.

Pour Armand Hatchuel, l'entreprise moderne s'est, de fait, constituée sur des normes de management qui reprennent ces différents registres. L'irruption de la recherche scientifique dans les affaires était de nature à provoquer de l'imprévisibilité et requerrait des nouvelles normes pour projeter le collectif dans l'inconnu. De telles normes ont pu être progressivement oubliées, faute d'avoir été suffisamment conceptualisées. Mais aujourd'hui, à l'heure où l'entreprise réunit une puissance d'action inédite, il est essentiel de les expliciter.

Un principe de progrès collectif doit assurer *un équilibre pour l'ensemble des parties engagées* dans l'entreprise. Ensuite, la création collective induit des risques, elle impose donc des responsabilités d'autant plus fortes aux dirigeants. C'est historiquement ce qui a conduit à reconnaître les employeurs sont comme responsables des accidents du travail. S'ils conçoivent des programmes d'action dans l'inconnu, il leur incombe de le faire de manière responsable, c'est-à-dire en écartant tous les risques gérables. Le principe d'équité ou de progrès collectifs se complète donc d'une *norme de prévoyance ou de vigilance*. Le devoir de vigilance créé en droit français prolonge en quelque sorte ce principe de vigilance. Et plus généralement, si on fait l'hypothèse que la création collective provoque de l'imprévisibilité, un devoir de « prévoyance » incombre aux dirigeants pour faire en sorte que le collectif soit prêt à affronter l'inconnu (Hatchuel, 2016).

Requalifier les normes d'équilibre d'une part et de vigilance d'autre part : tel est en premier lieu ce qu'une réforme devrait s'attacher à promouvoir.

Vers un droit de la direction d'entreprise

Introduire des normes de gestion revient à reconnaître un statut aux dirigeants d'entreprise. Aujourd'hui dans la mesure où l'entreprise n'a pas d'existence légale, les directeurs généraux et chefs d'entreprise n'ont pas de statut particulier par rapport aux administrateurs : ils n'ont de pouvoir que celui qui leur est délégué par les administrateurs, et ils n'agissent que sous la responsabilité de ces derniers. Le droit des sociétés a ainsi autorisé la constitution d'un « pouvoir d'organisation » au niveau du conseil, voire des actionnaires, peu responsable. Et les évolutions normatives au cours des dernières décennies ont renforcé la confusion sur la source du pouvoir et le lieu de son exercice (administrateurs indépendants et « *non executive* », renforcement des capacités de contrôle et d'intervention des actionnaires...).

Stéphane Vernac propose d'inverser la logique juridique classique : au lieu d'imposer la norme de la société à l'entreprise, il faudrait penser le gouvernement de la société à partir de l'entreprise. Et définir un droit de la direction de l'entreprise en conséquence. Il s'agit d'abord de réaffirmer le fondement légal du pouvoir de direction. Les dirigeants ne sont pas des représentants des associés. Ils sont habilités à agir au nom des parties et de la société pour conduire l'entreprise. Ce pouvoir doit donc nécessairement s'exercer en conformité avec l'intérêt de l'entreprise, et non plus seulement de la société, et des parties engagées. D'où l'idée que des responsabilités, normes d'équilibre mais aussi de vigilance, soient explicitées. Mais Stéphane Vernac suggère aussi qu'il faudrait rendre plus substantiel le critère de l'intérêt de l'entreprise de manière à asseoir une véritable légitimité des dirigeants. Et il ouvre ainsi la voie à la reconnaissance d'une mission de l'entreprise.

Normes de gestion et nouveaux modèles pour le contrôle des dirigeants

La seconde partie du livre est consacrée aux modèles de contrôle de l'action des dirigeants. Classiquement, le contrôle est très lié au statut des associés. Aussi la transformation récente du monde actionnarial révèle-t-elle une crise profonde des théories associées du contrôle

L'industrialisation de l'actionnariat

Rachelle Belinga et Hervé Guez décrivent dans leur chapitre un phénomène massif qu'ils appellent « l'industrialisation de l'actionnariat ». L'actionnaire individuel a laissé la place, depuis une vingtaine d'années, à une chaine actionnariale où la collecte de l'épargne, puis la décision d'investissement et enfin la gestion de la relation avec les entreprises sont confiées à des acteurs professionnels distincts. Ceux qui disposent du droit de vote dans les assemblées générales d'actionnaires ne sont donc plus les apporteurs de capitaux, mais les gérants d'actifs à qui est confié le placement de l'épargne, et qui ont développé des méthodes de gestion très particulières (gestion indicielle dite «passive»). Paradoxalement, ces acteurs tendent à être de plus en plus distants de la direction des entreprises, mais leurs méthodes n'en sont pas moins déterminantes dans la gestion des entreprises.

Dans ce contexte, faudrait-il imposer des responsabilités aux actionnaires ou aux gérants d'actifs ? Et si oui lesquels ? Les gérants de fond devraient-ils gérer, c'est-à-dire exercer leur droit de contrôle en tant qu'actionnaires, au profit de leurs souscripteurs (logique du *trust* propre aux fonds de pension), au profit de la «société» et donc de l'ensemble des actionnaires (logique du *Stewardship Code* anglais), au profit de leur propre actionnaire (logique du principal/agent) ou bien dans l'intérêt des différentes parties prenantes et de l'entreprise elle-même ? Le chapitre montre que les cadres réglementaires oscillent, parfois de manière contradictoire, entre différentes logiques de responsabilité.

Une crise des théories du contrôle : de qui *contrôle à* quoi *contrôler ?*

L'industrialisation de l'actionnariat pointe en fait des contradictions dans le modèle du contrôle. Dans la nouvelle chaîne actionnariale, le droit de vote des gérants d'actifs n'est plus couplé à la prise de risque. Il y a au contraire une contradiction frappante entre la possibilité de contrôler l'entreprise – et donc d'intervenir dans la gestion – et le fait de bénéficier d'une responsabilité limitée, et d'être dégagé ainsi de toute responsabilité de gestion.

Le quatrième chapitre (Segrestin & Levillain) reprend la question du contrôle et des théories du associées. Quelle que soient les parties auxquelles le droit de contrôle est donné, il faut trouver à quelles conditions il est possible de contrôler la gestion sans gérer. En l'occurrence, le chapitre suggère que les associés devraient pouvoir formuler des objectifs pour la gestion mais que pour préserver une frontière entre contrôle et gestion, encore faut-il que le mandat de gestion soit équilibré entre les parties, mais surtout indécidable : il ne doit pas déterminer les choix de gestion.

Se dessine alors un nouveau modèle du contrôle dans lequel la mission, comme futur souhaitable mais encore inconnu, est appelé à jouer un rôle central.

La mission de l'entreprise responsable au XXIe siècle

Dans la troisième partie, nous revenons sur l'idée que l'entreprise puisse qualifier sa mission et en faire volontairement une norme de gestion en l'inscrivant dans les statuts de la société.

Les conditions juridiques cachées de la RSE

Le cinquième chapitre (Levillain & Segrestin) étudie l'émergence du modèle dit d'*entreprise à mission* (Levillain, 2017) aux États-Unis. La RSE fait classiquement l'hypothèse que les entreprises pouvaient (et avaient souvent intérêt !) à s'engager dans des démarches sociales et environnementales, mais les conditions juridiques ne sont *a priori* pas remplies pour cela. L'inscription d'un objectif d'ordre social, environnemental, culturel ou scientifique dans les statuts de la société est en fait une condition essentielle pour que l'engagement en matière de RSE soit pérenne, contrôlable et crédible. D'une certaine manière, la spécification d'une mission est aussi la pièce qui manquait à la théorie de la société comme entité distincte dont l'intérêt ne se réduirait pas à celui des associés.

L'entreprise à mission, un modèle unificateur pour l'entreprise européenne ?

Le sixième chapitre propose de montrer, à partir d'une lecture comparée de la gouvernance en Allemagne et France, que l'entreprise à mission pourrait constituer le socle d'un modèle de l'entreprise en Europe. Un modèle où, par comparaison au schéma américain, 1) la mission devrait être co-déterminée par les parties engagées (associés et salariés au minimum) et 2) l'engagement dans la mission serait nettement opposable et ferait l'objet d'une évaluation non pas seulement par les associés, mais par les parties compétentes et concernées (un conseil de mission). Car à côté de l'équilibre entre les parties, la question de la responsabilité de l'entreprise passe désormais clairement par la finalité de son action et la manière dont elle souhaite transformer le monde dans lequel elle s'inscrit.

Nouveaux régimes de responsabilité et portée d'une mission innovante

Le dernier chapitre, enfin, reprend le concept de mission en montrant qu'il fournit un schéma de responsabilité particulièrement adapté aux enjeux sociaux et environnementaux contemporains. Les défis environnementaux, et notamment le changement climatique, imposent en effet un nouveau régime de responsabilité : face à ces enjeux, les règles de bonne gestion font défaut. Il ne suffit pas d'utiliser les énergies les moins polluantes, de recycler ce qu'on sait recycler ou de construire les bâtiments selon les normes en vigueur. On attend des entreprises qu'elles se mettent en capacité de trouver de nouvelles sources d'énergie, de nouvelles techniques de construction et d'écoconception. Dès lors, les entreprises responsables ne sont plus seulement celles qui se conforment aux règles de bonne gestion mais celles qui s'engagent à concevoir de nouvelles solutions et à proposer de nouvelles règles quand celles-ci font *a priori* défaut.

La mission réinvestit la notion juridique d'objet social pour l'adapter à ce nouveau régime de responsabilité. Là où l'objet social était contrôlé au XIXe pour éviter toute opération trop incertaine et donc trop risquée pour les créanciers, la mission permet au contraire un engagement collectif dans l'inconnu et pour un futur souhaitable. C'est donc un gage à la fois d'efficacité dans l'action, d'innovation et de responsabilité.

Références

Arora, A., Belenzon, S., & Patacconi, A. (2015). Killing the golden goose? The decline of science in corporate R&D. *National Bureau of Economic Research.*

Berle, A. A. (1932). For Whom Corporate Managers Are Trustees: A Note. *Harvard Law Review*, *45*(8), 1365-1372.

Biondi, Y., Canziani, A., & Kirat, T. (2008). *The firm as an entity: Implications for economics, accounting and the law*. Routledge.

Blair, M. M., & Stout, L. A. (1999). A team production theory of corporate law. *Virginia Law Review*, *85*(2), 247-328.

Crété, M. (à paraître). La gestion à l'époque romaine : naissance d'une nouvelle catégorie de l'action collective. *Entreprises et histoire,* voir Working Paper i³ (2016).

Dodd, E. M. (1932). For Whom Are Corporate Managers Trustees? *Harvard Law Review*, *45*(7), 1145-1162.

Escande, P. (2018, janvier 16). La faillite de Carillion, ou quand une société s'évapore. *Le Monde*. Consulté à l'adresse https://www.lemonde.fr/economie/article/2018/01/16/la-faillite-de-carillion-ou-quand-une-societe-s-evapore_5242338_3234.html

Hatchuel, A. (2016). Henri Fayol et la théorie du chef d'entreprise: une nouvelle figure de l'autorité au tournant du XXe siècle. *Entreprises et histoire*, (2), 108-120.

Hatchuel, A. (2018, février 6). Le britannique Carillion « mort par overdose de gestion actionnariale ». *Le Monde*. Consulté à l'adresse https://www.lemonde.fr/idees/article/2018/02/06/le-britannique-carillion-mort-par-overdose-de-gestion-actionnariale_5252520_3232.html

Joly, H. (2013). *Diriger une grande entreprise au XXe siècle: l'élite industrielle française*. Presses universitaires François-Rabelais.

Knott, A. M. (2017, décembre 13). The Real Reasons Companies Are So Focused on the Short Term. *Harvard Business Review.* Consulté 13 juin 2018, à l'adresse https://hbr.org/2017/12/the-real-reasons-companies-are-so-focused-on-the-short-term

Laufer, R. (1996). Quand diriger, c'est légitimer. *Revue française de gestion*, (111), 12-37.

Laufer, R. (2007). Crisis management and legitimacy: Facing symbolic disorders. *International Handbook of Organizational Crisis Management.* Thousand Oaks, Sage Publications, Inc, 25-83.

Laufer, R., & Burlaud, A. (1997). Légitimité. *Encyclopédie de gestion*, *2*, 1754-1772.

Lazonick, W. (2014). Profits without Prosperity. *Harvard Business Review*, *92*(9), 46-55.

Lefebvre, P. (2003). *L'invention de la grande entreprise.* Paris, Presses Universitaires de France.

Levillain, K. (2017). *Les entreprises à mission : un modèle de gouvernance pour l'innovation.* Vuibert.

Lyon-Caen, G. (2002). Que sait-on de plus sur l'entreprise? In (collectif), *Mélanges dédiés au Président Michel Despax.* Toulouse: Presses de l'Université des sciences sociales de Toulouse.

Orts, E. W. (1992). Beyond Shareholders: Interpreting Corporate Constituency Statutes. *George Washington Law Review*, *14*(1), 14-135.

Robé, J.-P. (1999). *L'entreprise et le droit.* Presses Universitaires de France.

Robé, J.-P. (2009). Responsabilité limitée des actionnaires et responsabilité sociale de l'entreprise. *Entreprises et histoire*, (4), 165-183.

Robert, C. (1896). *De la liquidation judiciaire des sociétés : loi du 4 mars 1889 - sociétés de commerce proprement dites et sociétés civiles par actions, commercialisées par la loi du 1er août 1893.* Paris : L. Larose.

Rosanvallon, P. (2015). *Le bon gouvernement.* Paris, Seuil.

Segrestin, B. (2016). Quand l'innovation appelait à réformer l'entreprise: l'éclairage historique apporté par Walther Rathenau. *Gérer et comprendre*, 51-59.

Segrestin, B., Hatchuel, A., Levillain, K., & Vernac, S. (2014). « L'objet social étendu » : une voie pour réaligner le droit et la théorie des parties prenantes. *Finance Contrôle Stratégie*, *17*(3), 47-67.

Thiveaud, J.-M. (1993). L'ordre primordial de la dette: Petite histoire panoramique de la faillite, des origines à nos jours. *Revue d'économie financière*, (25), 67-106.

UK House of Commons. (2018). *Carillion : Second Joint report from the Business, Energy and Industrial Strategy and Work and Pensions. Committees of Session 2017-19.* London: Business, Energy and Industrial Strategy and Work and Pensions Committees. Consulté à l'adresse : https://publications.parliament.uk/pa/cm201719/cmselect/cmworpen/769/769.pdf

Veldman, J. (2018). The Separate Legal Entity and the Architecture of the Modern Corporation. In N. Boeger & C. Villiers (Éd.), *Shaping the Corporate Landscape: Towards Corporate Reform and Enterprise Diversity* (p. 61-75). Hart Publishing.

Partie I - Normes de gestion : fondements et principes

Chapitre 1

Normes de gestion et action collective : de la *societas* romaine à l'entreprise responsable

Armand Hatchuel

MINES ParisTech, Université PSL
CGS - i3 UMR CNRS 9217

Résumé

Les fondements de l'entreprise moderne ne sont ni la liberté d'entreprendre, ni l'entrepreneur maximisateur de son profit. Bien qu'elles soient constitutives du libéralisme occidental, ces notions occultent les « normes de gestion », c'est-à-dire, les règles et la mission qui légitiment l'action collective comme étant à la fois efficace et responsable vis à vis d'autrui. La norme de gestion n'est donc pas une entrave à la liberté. Elle libère l'action collective en fixant les règles qui lui permettent d'exister. On sait, depuis peu, que cette notion a d'abord été théorisée à Rome, en réponse aux crises de la République, et a permis de concevoir une « bonne gestion » de la guerre, des charges publiques et des affaires. Nous lui devons notre droit des sociétés qui définit la bonne gestion des marchands agissant en associés. Mais la société anonyme ne conduit pas directement à l'entreprise moderne. Celle-ci ne naît que vers 1890 avec la diffusion de la recherche technique et du management scientifique à tout le tissu industriel. Les normes de gestion issues de ces mouvements ont favorisé une création de richesses sans précédent et l'avènement de l'entreprise dans l'histoire. Tout en restant absente du droit, l'entreprise y a trouvé une épistémologie, une mission et ses formes d'autorité, différentes de celles de la société. Depuis trente ans, l'émergence d'une industrie de l'actif financier a provoqué la mise en danger de ce paradigme de l'entreprise. Elle a provoqué une distorsion de ses rapports originaux avec la société anonyme et un rétrécissement de sa vision. Aujourd'hui, il s'agit de reconstruire des normes de gestion de l'entreprise en partant de sa fonction de création collective et en lui assignant une mission adaptée aux attentes planétaires de notre temps.

Dans ce texte, nous approfondissons les prémisses et les implications d'une thèse que nous avons déjà présentée ailleurs (Segrestin et Hatchuel 2012) :

l'entreprise moderne, née il y a un siècle, est une *invention civilisationnelle majeure*. Il ne s'agissait pas d'une création juridique mais d'un *paradigme spécifique de l'action collective* issu des lumières scientifiques et de ce que l'on a appelé des révolutions industrielles. Elle n'est donc pas, comme on le croit trop souvent, le développement naturel de la liberté d'entreprendre, de l'économie marchande ou de l'existence d'entrepreneurs.

Cet approfondissement permet plusieurs *clarifications historiques et théoriques*, et plus particulièrement de deux notions : celle de *norme de gestion* et celle *de mission*. Ces deux notions éclairent l'histoire des entreprises et jouent aujourd'hui, un rôle important dans l'élaboration des réformes nécessaires de l'entreprise[1]. Les points suivants donnent un aperçu général des développements de ce texte.

1. Il est acquis que toute compréhension du phénomène de « l'entreprise » doit partir de la révolution scientifique et technologique majeure qui se déploie en Occident à partir de la fin du XVIIIe siècle. Cette révolution a bouleversé les conceptions anciennes du marchand et de l'entrepreneur. Elle a donné naissance à une représentation radicalement nouvelle du *futur* et de *la création de richesses*. Elle a suscité l'émergence de nouveaux acteurs (ingénieurs, chercheurs, universités scientifiques…) ainsi que de nouvelles formes de travail et d'autorité. Ce faisceau de transformations a notamment conduit à faire émerger « l'entreprise » comme nouvelle forme d'action collective. Cette mise en perspective permet d'éviter la contradiction[2] entre des notions classiques que l'on suppose souvent invariantes (marchand, travail, entreprise…) et la connaissance historique qui souligne, à l'inverse, leur relativité.

2. Les « lumières libérales »[3] ne pouvaient qu'être aveugles à ces transformations tant elles étaient prisonnières d'une vision individualiste et « métaphysique » de l'entrepreneur, où la « bonne gestion » se réduit à la seule réalisation de profits pour lui-même. *A contrario*, des découvertes récentes montrent que la notion de « bonne gestion » (*bene gesta*) est née à Rome où elle a été définie, pendant quatre siècles, comme un agir *à la fois rationnel et responsable, un agir incompatible avec la poursuite par un sujet de son seul intérêt*. Cet héritage oublié, conforte les théories contemporaines de l'action collective qui soulignent le rôle libérateur que peuvent jouer des « normes de gestion ». Car en stipulant, à chaque époque, *les règles de l'efficience responsable*, ces normes orientent vers le bien commun de nouvelles formes d'activité et de création des richesses.

1 Cf. Notat et Senard (2018).

2 Cette contradiction est bien décrite par Michel Foucault (1966, 1969).

3 On appelle « lumières libérales » l'ensemble des conceptions que l'on désigne par libéralisme politique et libéralisme et économique et qui englobe les auteurs dits « libéraux » à partir du XVIIIe siècle.

3. À partir de la fin du XIXe siècle, la *société anonyme* a servi de cadre juridique à l'entreprise moderne. Mais c'est le mouvement de *l'administration scientifique* qui a fondé les *normes de gestion et la mission* de l'entreprise moderne. Aujourd'hui, la notion d'entreprise est menacée de disparition avec la prévalence des nouvelles normes actionnariales qui réduisent la société à un actif financier. Cette dérive intervient au moment même où de nouvelles responsabilités civilisationnelles et planétaires s'imposent à tous les acteurs de la mondialisation actuelle. Il en découle l'urgence de de nouvelles normes de gestion qui restaurent et expriment à la fois la *nature et la mission* de l'entreprise contemporaine.

In fine, notre analyse rejoint les travaux qui proposent une théorie de l'entreprise responsable mieux adaptée aux régimes d'innovation actuels et aux enjeux planétaires du développement durable.

Avant de développer ces différents points, un préalable s'impose. L'idée que l'entreprise est une invention récente qui date du début du XXe siècle peut surprendre si on croit que n'importe quel marchand du moyen-âge était déjà une « entreprise ». Elle heurte aussi la conception, très répandue, que l'entreprise n'est qu'un corollaire de *la théorie de l'entrepreneur*. Cette conception domine chez les penseurs libéraux comme Richard Cantillon que nous évoquerons plus loin. Pourtant, ces deux affirmations ne résistent pas à l'analyse et aux données historiques. Elles n'ont pu s'imposer que parce que l'entreprise a constitué « un point aveugle du savoir » (Segrestin, Roger, et Vernac 2014). En effet, ni l'économie, ni la sociologie, ni le droit, ne se sont interrogées sur *la nature spécifique* des entreprises et sur la *place nouvelle* qu'elles ont occupé dans la transformation de la civilisation mondiale. Certes, un phénomène aussi massif n'a pas été ignoré. Mais, il a été pensé à travers le seul prisme de la liberté d'entreprendre et de la maximisation du profit. Or, on va d'abord montrer que ces deux doctrines ignorent les *conditions cognitives et politiques de l'activité collective*. Elles n'étaient, par conséquent, d'aucun secours pour comprendre la naissance de l'entreprise.

1. De la Liberté d'entreprendre et de l'entrepreneur : l'oubli de l'action collective

La liberté d'entreprendre : confusion entre entrepreneur et entreprise

Pour définir l'entreprise, le premier cadre d'interprétation habituellement évoqué est celui de *la liberté d'entreprendre* (ou plus exactement de « la liberté du commerce et de l'industrie ») que la révolution française oppose aux corporations de l'ancien régime. L'entreprise serait alors l'enfant naturel d'une liberté qui permet à chacun de s'installer comme marchand de son propre ouvrage ou pour revendre l'ouvrage d'autrui. Mais cette conception organise la confusion entre *l'entrepreneur et l'entreprise*: donc entre un processus d'engagement individuel et la construction d'*une action collective*. De surcroît, le principe de la liberté d'entreprendre n'apporte aucun éclairage utile pour penser les processus collectifs : qu'il s'agisse des formes les plus antiques comme *la société* ou des formes les plus modernes qui seront au cœur de l'entreprise, à la fin du XIXe siècle[4].

- Ainsi, le principe de la liberté d'entreprendre n'était déjà d'aucune aide pour penser la conduite et la responsabilité collective des marchands qui voulaient *s'associer*, c'est-à-dire agir, en *société*. Et, de fait, les penseurs libéraux n'inventent pas *la société*. L'essentiel du droit des sociétés remonte au droit romain et c'est ce dernier qui fonde le droit des affaires que consacre le code civil français[5]. Car, ontologiquement individualiste, l'appareillage théorique des lumières libérales n'avait rien à apporter de nouveau au droit antique de la *societas* ou de la « gestion d'affaires » (*negotium gerere*) et n'avait aucun moyen de fonder la *responsabilité mutuelle* des associés qui constitue précisément la *norme de gestion* dont le contrat de société est le nom.
- Mais la norme de la *societas* est insuffisante face à l'irruption d'une « révolution industrielle » à partir des années 1830-50[6]. Celle-ci sème aussi un trouble profond et durable chez les théoriciens libéraux de l'économie et du contrat social, d'où naitront les grands antagonismes séculaires entre libéraux et socialistes. Mais dans ces grands débats, il s'agit surtout d'une opposition entre État et marché, où ce dernier reste conçu comme le terrain d'exercice d'actions individuelles. Dans cette représentation, l'entreprise, comme phénomène collectif inédit, n'existe pas, ou bien elle n'est qu'un terrain de bataille entre « capital » et « travail », comme si ces deux notions correspondaient à des réalités et des activités immuables. Il faudra attendre, le tournant du XXe siècle, avec l'émergence de la « science industrielle », de la « théorie de l'administration » chez Henri Fayol (1916) et du « management scientifique » chez Taylor (1895), pour que l'entreprise soit perçue et étudiée comme un monde collectif nouveau. Car l'entreprise est bien une conséquence inattendue des Lumières. Mais c'est *l'héritage des lumières scientifiques* qui est décisif dans cette émergence, et non pas les traditions économiques ou politiques. Sans la rupture épistémologique, anthropologique et normative provoquée par la science et les révolutions

4 Même si elle ne compte que quelques personnes.

5 Cf. Rauter (1859).

6 Il s'agit ici de la diffusion et de la prise de conscience de la notion de révolution industrielle. De fait, les évènements déclencheurs datent d'un demi-siècle. La « société d'encouragement pour l'industrie nationale » est créée en 1801, à l'imitation de la société anglaise pour « les arts, le commerce et les manufactures ». La « société industrielle » est créée à Mulhouse en 1825. La première exposition universelle est organisée en 1851 à Londres au Crystal Palace.

technologiques[7], l'entreprise ne pouvait émerger. Et, sans la prise de conscience de cette rupture, on ne perçoit que *des entrepreneurs*, et les révolutions industrielles restent le fruit du hasard[8] !

L'entrepreneur : une figure sans activité et sans responsabilité

Mais qu'est-ce qu'un entrepreneur ? Et en quoi n'est-il pas un marchand ? Le traité de Richard Cantillon (1680-1734) occupe sur cette question une place considérée comme fondatrice[9]. Or, Cantillon définit l'entrepreneur *par l'aléa irréductible* de ses gains. Il oppose la catégorie des entrepreneurs à ceux qui exigent une rémunération fixée à l'avance, et qu'il qualifie avec le vocabulaire de son temps, de «gens à gages». Ainsi, celui qui vend son travail à travers un contrat de louage, serait un «non-entrepreneur» en raison de la «fixité» ou de la certitude supposée de sa rémunération. Cette définition de l'entrepreneur – par le seul risque associé à sa rémunération – est révélatrice du cadre théorique qui rend invisible l'entreprise.

En effet, l'entrepreneur n'est défini, ni par son *activité* (seul ou avec autrui), ni par *ses responsabilités*. S'installe ainsi une réduction épistémologique dont les conséquences sont toujours présentes. En effet, l'action d'«entreprendre» est pensée sans aucune référence d'une part, aux compétences et aux raisonnements[10] qui lui sont nécessaires, d'autre part aux engagements qu'elle suppose[11]. Il n'est donc pas surprenant que la notion de «liberté d'entreprendre» n'ait aucune définition substantielle, y compris chez les juristes. Au plan épistémologique, ce type de notion est une *métaphysique de l'action* (Hatchuel [2001] 2013) : c'est-à-dire, une catégorie de l'agir qui ne sert qu'à formuler l'idéal abstrait d'une société des entrepreneurs. Cette idéalisation a un objectif idéologique : elle permet d'échapper aux doctrines classiques qui permettaient de décrire avec une grande richesse

7 Et tout particulièrement la formation des ingénieurs, des laboratoires de recherche et des théories de la conception qui systématisent la logique inventive (Le Masson, Weil, et Hatchuel 2008; Le Masson et Weil 2010b, 2010a).

8 La théorie économique de l'innovation, y compris la plus contemporaine, modélise le progrès des techniques comme un processus aléatoire.

9 Cf. Rothbard (1995), Guéry (2011) et dans cet ouvrage le chapitre : Jean Andreau, Entrepreneur et entreprise chez Montchrestien et Cantillon. P. 157-176.

10 Ce n'est que depuis une vingtaine d'années que la notion d'entrepreneuriat fait l'objet d'une recherche et de cours spécifique. Mais la confusion entre «entrepreneuriat» et construction d'entreprise persiste.

11 Pour saisir le caractère surprenant de cette réduction, il est utile de comparer cette définition aux efforts que déploie Xénophon dans son «Economique» (IVᵉ siècle av J.C.) pour caractériser les savoirs indispensables à celui qui doit «gérer» une propriété terrienne. Xénophon prend grand soin à détailler le contenu des compétences de ce «dirigeant» terrien et les compare à celles de l'architecte, du médecin et du métallurgiste.

phénoménologique le monde des marchands, comme le faisait un Jacques Savary dans son *Traité du parfait négociant* (1675). En effet, depuis l'Antiquité, la figure du marchand était indissociable des caractéristiques précises et concrètes de son talent, de son activité et de ses responsabilités, caractéristiques qui expriment la mission du marchand, et que nous désignerons plus loin comme des ***normes de gestion*** spécifiques.

Mais en adoptant une définition de l'entrepreneur qui abandonne toute référence à une activité et à une responsabilité, et en ne retenant que l'aléa du gain comme trait distinctif, l'approche de Cantillon perd toute consistance. Car, en toute logique, l'aléa dans la rémunération n'est pas le propre de l'entrepreneur, il se retrouve tout autant chez les «gens à gage»! En effet, l'assurance qu'ils ont d'être payés est toute relative, elle reste soumise à la bonne fortune et à la solvabilité de leurs employeurs. En outre, comme marchands de leurs services, ils subissent comme tout entrepreneur les aléas propres à la quantité d'ouvrage demandée. D'ailleurs, la liberté du commerce et de l'industrie, qui induit pour chacun, l'aléa de la rémunération, concerne tout autant la liberté du «travail». Entrepreneurs et «gens à gage» connaissent tous deux les infortunes de la vie marchande. Une ontologie du gain aléatoire individuel est si universelle qu'elle en perd tout intérêt scientifique et historique. Elle conduit aussi à un contresens sur la notion de «bonne gestion».

Ni la liberté d'entreprendre, ni la notion d'entrepreneur ne pouvaient donc aider à prévoir et éclairer les révolutions industrielles en Occident, où vont précisément naître les entreprises. En outre, la faiblesse de cette conceptualisation fait le lit d'une doctrine abstraite du profit et occulte toute théorie de la responsabilité. Ces deux notions semblent même interdire par avance toute norme de gestion autre que la recherche du profit.

La maximisation du profit: la persistance de la figure du marchand

En effet, quels objectifs, quelle activité, quelle rationalité assigner à l'entrepreneur? À l'évidence, chez Cantillon et dans toute la tradition qui le suivra, la rationalité de l'entrepreneur est directement calquée sur celle du marchand, c'est-à-dire, sur la recherche des bénéfices, et de façon plus abstraite sur la maximisation du profit. En effet, tout autre objectif, serait apparu comme une *restriction* à la liberté et à la doctrine de l'entrepreneur. Mais un problème logique s'impose alors: comme tout entrepreneur est un marchand, existe-t-il des marchands qui ne sont pas des entrepreneurs? Et si ce n'est pas le cas, à quoi sert la notion d'entrepreneur?

À l'évidence, Cantillon peine à résoudre cette difficulté. Il pose lui-même que: «Ces entrepreneurs sont les marchands, en gros, de laine, de grains, les boulangers, bouchers, manufacturiers, et tous les marchands de toute espèce qui achètent les denrées et matériaux de la campagne, pour les travailler et revendre à mesure que les habitants ont besoin de les consommer». Et pour ajouter à la confusion il y ajoute, pêle-mêle quelques lignes plus loin: artistes, avocats, médecins, etc. À vrai dire, Cantillon forge un personnage à visée rhétorique dont le seul rôle est d'incarner ontologiquement l'aléa du gain et donc le risque! Cette figure essentialise l'incertitude du gain attendu et veut lui conférer un statut universel, en effaçant toute référence à une activité ou à une responsabilité. Cet entrepreneur n'a aucune attache à l'action commerciale, productive, ou à l'art du commandement. Car il s'agirait alors de le doter de capacités techniques, de savoir-faire, ou encore d'un certain talent. L'entrepreneur incarne le profit et seulement le profit, un profit ontologiquement incertain et aléatoire[12].

Il faut remarquer que l'entrepreneur ainsi pensé est aux antipodes des figures – bien réelles cette fois – de l'inventeur d'une nouvelle machine ou du bâtisseur d'une industrie nouvelle, qui ont incarné, dès le XVIIIe siècle, les révolutions des textiles, des machines à vapeur ou du chemin de fer[13]. Car ces personnes ne surprennent pas par les risques financiers et commerciaux qu'elles acceptent! Bien des marchands du Moyen-Age prenaient des risques au moins aussi importants. Ce qui surprend chez ces entrepreneurs-inventeurs, c'est leur capacité à concevoir des objets inédits, à organiser des expérimentations commerciales inédites, à intégrer la «science» comme une activité naturelle et centrale du développement de leurs affaires. Si le marchand de la Renaissance pariait sur le succès en Europe des soieries asiatiques, il n'était pas l'inventeur de ces dernières, et celles-ci étaient bien réelles. En revanche, l'entrepreneur-inventeur du XVIIIe siècle *parie sur une chimère*, il se représente l'avenir comme une inévitable compétition pour le progrès, et il veut en faire partie. Reste cependant à partager cette vision avec d'autres, et à en mesurer les conséquences nouvelles. L'entrepreneur-inventeur va vite découvrir qu'il ne peut pas être seul, qu'il a besoin de solidarités nouvelles, et qu'il ne peut engager tout le monde dans des paris égoïstes: l'entreprise naitra de ce besoin de nouveaux collectifs responsabilisés par des normes de gestion adaptées.

Il est vrai que Cantillon n'a pas pu connaître cette transformation historique. En revanche, plus de deux siècles après Cantillon, Walras et d'autres, répètent la même construction épistémologique malgré l'évidence des révolutions industrielles. Ils continuent à décrire l'entrepreneur comme l'assembleur opportuniste de ressources (capital, travail) au service d'une demande. Ils restent

12 Il n'est donc pas surprenant que Cantillon ait été surtout un financier. L'objet véritable de son traité n'est d'ailleurs pas la richesse mais l'argent, sa circulation et la formation de l'intérêt. Sa notion d'entrepreneur rend «visible» celui qui tout en n'étant ni changeur, ni banquier (ce sont des métiers connus de son temps) se limite à risquer son avoir dans une action quelconque, à laquelle il ne prend aucune part, et dans le seul retour attendu est un gain monétaire futur mais aléatoire.

13 En Angleterre, on peut penser à Robert Owen, Watt et Boulton, Josiah Wedgwood…

fidèles à la définition métaphysique de la liberté d'entreprendre. L'entrepreneur qu'ils décrivent n'a aucun art propre, aucune responsabilité autre que celle qui découle de sa définition : la recherche du profit dans une situation d'incertitude. Devenue dominante, cette conception est la cause d'un *aveuglement durable* à la nature des entreprises.

Ainsi, plus près de nous, en 1970, Milton Friedman déclarait dans un article devenu célèbre, que « la seule responsabilité de l'entreprise est d'accroitre ses profits » (Friedman 1970). On retrouve mot pour mot, la définition ontologique de l'entrepreneur forgée au XVIIIe siècle. Mais cette fois, Friedman commet une double erreur : historique et théorique.

Erreur historique, parce que depuis la fin du XIXe siècle, les entreprises, petites ou grandes[14], ne sont plus des affaires commerciales et manufacturières, dont l'impact se limiterait à faire circuler des marchandises, à assembler du travail et du capital, et à rémunérer des actionnaires. Friedman reste aveugle aux révolutions industrielles, techniques et sociales, dont les entreprises sont à la fois cause et conséquence. Ou ne veut-il pas voir que les entreprises modernes transforment les métiers, les rapports sociaux, les mœurs, les biens, les paysages, les savoirs… bref, tout ce qui fait une civilisation ! Car, après un tel constat, comment soutenir que les entreprises ont pour seule « responsabilité sociale » d'accroitre leur profit ? Et que la seule norme de leur « bonne gestion » est la maximisation du profit ?

Erreur théorique, parce que Friedman transforme la définition arbitraire et métaphysique de l'entrepreneur en « responsabilité sociale ». Or, selon cette définition, on l'a vu, tout travailleur peut être qualifié d'entrepreneur, et l'analyse de Friedman confine alors à l'absurde. La responsabilité sociale de tout travailleur consisterait donc aussi à augmenter ses profits. Il faudrait donc appeler tous les travailleurs à en faire « le moins possible » compte tenu des seuls objectifs fixés et de la rémunération promise ! On peut imaginer le tollé qu'une telle apologie de « la grève du zèle » provoquerait chez les chefs d'entreprise ! L'erreur du raisonnement de Friedman vient de loin : il hérite d'une conception fondamentalement fausse de la « responsabilité ». Car en quoi défendre son seul intérêt, à l'exception de toute autre considération, peut-il être qualifié de comportement « socialement responsable » ? Peut-on même parler de responsabilité si ce n'est vis-à-vis de l'intérêt d'autrui ? On peut au moins reconnaître à Milton Friedman qu'il révèle le piège circulaire et aveuglant dans lequel nous *enferment* les notions de liberté d'entreprendre, d'entrepreneur et de maximisation du profit.

14 Pour l'analyse qui va suivre la distinction entre grande et petite entreprise n'a pas de pertinence. Ce qui compte c'est l'impact de l'activité sur la trajectoire de civilisation. Les entreprises qui ont changé la civilisation ont toutes été d'abord de petites entreprises : les machines à vapeur Watt et Boulton, les premières lignes de chemins de fer, les entreprises chimiques Hoescht, Bayer et BASF, l'opticien Zeiss, etc.

Le libéralisme – dans ses différentes formes – occulte fondamentalement l'action collective ou il la réduit invariablement à un échange marchand. Il se trouve alors dans l'incapacité à penser une notion de «bonne gestion» différente du profit individuel. Pourtant, d'autres principes de bonne gestion deviennent possibles dès lors que l'action collective est pensée comme une activité créatrice, comme *un processus d'interdépendance à la fois cognitive et politique*, comme l'exercice d'un rapport de commandement ou de prescription, ou encore comme la construction coopérative d'un monde commun inédit[15].

Ces modalités propres à l'action collective s'avèrent bien plus éclairantes sur la nature fondamentale de la *norme de gestion*. Car cette norme loin de s'opposer à la liberté des acteurs, rend au contraire possible une certaine action collective. La norme de gestion peut donc être de ce point de vue : une norme libératrice.

Pour s'en convaincre, nous allons mobiliser des travaux récents qui ont montré qu'à Rome, avait été pensée, à travers la notion de «bene gesta», une catégorie de l'action qui permet de penser la conduite d'une *activité collective à la fois rationnelle et responsable*. Après l'Empire, cette conception de la «bonne gestion» deviendra la catégorie normative centrale de l'action citoyenne et politique. À Rome, elle fonde l'administration de l'Empire autant que celle des affaires privées. Vingt siècles plus tard, elle connaît une renaissance spectaculaire avec le management scientifique, et l'entreprise moderne.

2. *Gerere* : les sources romaines de l'action responsable

Dans la culture commune actuelle, le terme de «gestion» n'évoque aucune référence humaniste ou philosophique. En politique, il désigne l'action routinière d'un gouvernement sans projet et sans vision, ou qui se limiterait à «expédier» les affaires courantes. En matière privée, il désigne la conduite des entreprises et des associations et il y a subi le prisme déformant des lumières libérales : la «bonne gestion» des entreprises est restreinte à la réalisation de «bons résultats» (Chiffres d'affaires, bénéfices, actifs, passifs...).

Pourtant, depuis un siècle, le développement des entreprises a été accompagné par la formation d'un corpus théorique et instrumental qui occupe aujourd'hui

15 John Rogers Commons fait lui-même une critique identique à la tradition économique. Il place lui aussi la notion «d'action collective» et celle de «*working rule*» au cœur d'une théorie économique nouvelle à construire. Sans pouvoir ici engager une critique précise des fondements de ce projet, on peut néanmoins signaler que son projet se développe au moment même où le «management scientifique» se développe, transforme le travail et fait naître l'entreprise. Plus généralement, la notion de «*working rule*» peut sembler proche de ce que nous appelons «norme de gestion» mais il nous semble qu'elle est irréductible à une théorie économique (Commons 1931).

des pans entiers du savoir universitaire. Ce corpus est le domaine de recherche privilégié des Sciences de Gestion (Management Science) et de plusieurs disciplines connexes[16]. Elles ont mis en évidence la complexité des processus d'action nécessaires au maintien d'une vie collective efficace et favorable au développement sociétal. Mais cette vision savante des actes et des phénomènes de gestion n'a pas pénétré la culture générale. De plus, la découverte des processus d'action collective et la nouvelle lecture de l'histoire qui en découle, n'a encore que peu d'impacts sur les humanités et la philosophie.

Plusieurs facteurs culturels peuvent expliquer cet état de fait et nous ne pouvons ici les aborder tous. Mais un travail historien récent de Moira Crété apporte un éclairage qui devrait modifier de façon décisive la conception commune de la notion de «gestion» (Crété, à paraître). Ce travail a mis en évidence une réalité aussi massive qu'oubliée. Depuis la fin de la République et durant toute l'époque impériale – donc sur près de quatre siècles – la notion de «bonne gestion» avait constitué à Rome, *l'idéal d'efficacité et de responsabilité politique.* Un héritage antique venait conforter les travaux contemporains et montrer leur ancrage profond au cœur de la civilisation.

Gerere : une troisième catégorie de l'action[17]

Les origines de la conception romaine de la Gestion sont d'abord étymologiques. *Gerere* (*Gero, gestum*) désigne l'action de porter, de prendre en charge, de bien conduire une action dont on a la responsabilité. Il fut souvent appliqué à la guerre (*bellum gerere*) avant de s'étendre à toute charge publique, puis aux affaires privées. L'entrée du terme dans les lettres et la pensée romaine doivent beaucoup au linguiste Varron puis surtout à Cicéron qui va en systématiser la théorie. Varron souligne que, pour désigner l'action, les Romains avaient trois notions différentes :

- *agere*: «agir», qui désignait la mise en œuvre directe de l'action: «il décida d'agir en déclenchant la sirène d'alarme»
- *facere*: «faire» qui désignait la réalisation d'un artefact ou d'une démarche: «il faisait des paniers qu'il irait ensuite vendre au marché»
- *gerere*: «gérer» qui désignait l'action impliquant la conduite d'autrui, le jugement sur les évènements, les choses et les hommes, la reddition des comptes.

16 Sciences de la décision et de la conception, science des organisations ; Management stratégique, management des technologies, de la R&D, et de l'innovation ; Marketing et modèles d'affaires ; systèmes d'information et comptabilité ; Finance et stratégie d'investissements ; Gouvernance des entreprises…

17 Nous donnons dans le paragraphe suivant un bref résumé du travail de Moira Crété (à paraître).

Mais c'est Cicéron qui accorde à *gerere* une place centrale dans sa théorie de l'action politique et de la responsabilité publiques. Aux prises avec les crises de la République à Rome, Cicéron pense la bonne gestion comme le régime d'action qui s'éloigne autant du gouvernement autoritaire de l'élite patricienne que de la démagogie des tribuns populistes. L'idéal d'action qu'il prescrit combine à la fois les exigences de l'esprit et celles de la vertu politique.

- Exigences de l'esprit parce que celui qui gère doit le faire avec compétence, étude, et réflexion (*prudentia*).
- Vertu politique, parce qu'il doit gérer avec Justice (*iustitia*) et bienveillance (*benevolentia*), c'est-à-dire ? en prenant en compte le bien de *ceux qui sont objet de la gestion ainsi conduite.*

Gerere opère donc une fusion originale entre efficacité et responsabilité. Le seul intérêt *pour soi* de l'action ne saurait garantir la bonne gestion. Compte tout autant, le processus qui a conduit à ce résultat et les égards accordés à tous ceux qui sont concernés. Car la « bonne gestion » vise à la réalisation de l'objectif recherché, mais elle doit aussi manifester dans son déroulement les valeurs citoyennes qui fondent la république Romaine.

Les conceptions de Cicéron auraient pu rester lettre morte si Auguste, le premier empereur, ne leur avait donné une impulsion décisive et puissante. Il ouvre son célèbre testament par la formule *res gestae divi Augusti*..., qui en deviendra le titre : les *Res gestae*. Ce texte fut affiché partout dans l'Empire à la mort de l'empereur. Longtemps cette expression a été traduite par les « hauts faits » (en anglais : *the deeds*) d'Auguste. Cette traduction laisse entendre qu'Auguste revendique une liste d'exploits surhumains ou des réalisations que seul un être supérieur à tous les autres pourraient accomplir. Une lecture attentive des *Res gestae* suffit à montrer qu'Auguste défend la thèse inverse. Certes, il veut par ce testament assoir sa gloire future. Mais son message n'est pas que ses succès tiennent à des capacités supérieures. Au contraire, il veut que ses réalisations soient mises au compte d'une philosophie de l'action responsable : celle qui a été préconisée par Cicéron. D'où la mise en avant du terme «*gestae*» dans ce qui deviendra la plus célèbre des inscriptions romaines.

Après Auguste, les normes de la «*bene gesta*» – telles qu'elles avaient été formulées par Cicéron – se répandent à toutes les fonctions publiques, techniques ou politiques. Elles structurent les discours sur l'action, autant qu'elles servent à exprimer les éloges des responsables à la fin de leur mandat[18]. Quatre siècles plus tard, Ammien Marcellin intitule aussi sa grande histoire de Rome : *Rerum Gestarum*

18 Le travail de Moira Crété (à paraître) a permis d'appuyer cette thèse sur une documentation (bibliographique et épigraphique) inédite et s'étalant sur trois siècles.

libri – comme si toutes les générations romaines, depuis l'empire, avaient partagé une même conception de la bonne action, celle que dicte les règles de la « gestae » pensées par Cicéron et proclamées par Auguste.

De la norme de gestion : une tradition théorique à réhabiliter

En retrouvant la *Gestae* romaine, on éclaire le contresens historique et l'oubli des humanités qui se cachent au cœur de la modernité libérale : « bien gérer » se réduirait à défendre au mieux son propre intérêt ou son profit. Cette conception organise ***un antagonisme fallacieux*** entre bonne gestion et responsabilité, donc entre entreprise et société, et par extension entre dirigeants et dirigés. Plus fondamentalement, cette conception radicalise l'opposition entre liberté d'entreprendre et norme de gestion puisque la première est conçue comme une invitation à maximiser son profit, et la seconde comme une limitation inévitable de la première. Ou encore – et c'est la position la plus répandue – la bonne gestion est confondue avec l'intérêt de l'entrepreneur.

L'héritage romain nous invite à une réflexion critique sur le raisonnement libéral. La bonne gestion ce n'est pas l'arbitraire du sujet individuel agissant pour lui-même, c'est la norme qui légitime sa capacité d'action vis-à-vis d'autrui (ou sur ce qui concerne autrui…). Car cette norme permet en retour à chacun de fonder ***son légitime intérêt***. Il n'y a donc pas d'un côté, l'intérêt égoïste de chacun, et de l'autre, la norme sociale qui limite cet intérêt. Cette conception est illusoire et erronée.

Illusoire, parce qu'il n'y a pas d'intérêt qui pourrait être absolument égoïste. Toute action individuelle suppose nécessairement une norme collective qui ***en garantisse*** la possibilité. Le même raisonnement s'étend à l'entrepreneur. En effet, son profit ne saurait être le seul effet de ses calculs et de ses choix égoïstes. Il dépend des normes de bonne gestion qui en garantissent la légitimité. On peut donc dire, après Cicéron et Auguste, que la norme de bonne gestion c'est ce qui permet de définir ce qu'est une activité – marchande, guerrière, ou gouvernementale – responsable et légitime. En dehors de cette norme, on entre dans le territoire de l'injustice, de la déloyauté et de la violence.

Erronée, car malgré l'oubli de la théorie romaine de la *Gestae*, le développement des normes de gestion n'a pas cessé de s'étendre tout au long de l'histoire de la civilisation occidentale. Les codes antiques, bien avant Rome, définissaient déjà les règles de l'activité des marchands, des contrats, des prêts, etc. L'activité du capitaine de bateau, à la fois marchand et maître à bord, a suscité très tôt un foisonnement de normes. Mais la conception romaine accorde à ces règles une place politique nouvelle : il ne s'agit plus d'ajustements ***ad hoc*** au sein d'un ordre politique qui aurait d'autres fondements ontologiques (mythologiques, religieuses, ethniques...). Avec Cicéron et Auguste, les normes de gestion sont *la condition et l'expression de l'ordre politique romain*. Certes, la bonne gestion reprend les idéaux de la citoyenneté romaine, mais elle impose que ces idéaux soient *visibles* dans le comportement des puissants.

La société libre repose sur des... normes de gestion

Avec la modernité libérale, se met donc en place un paradoxe logique. Dans sa lutte contre l'Ancien régime politique et corporatif, le nouvel ordre politique veut se penser comme *espace de liberté* et non comme un espace *normé*. Indiscutablement, on doit beaucoup, comme individus, à cette conception qui fonde une large part des droits fondamentaux.

Mais il est n'en reste pas moins faux de dire que la norme *s'oppose ontologiquement* à la liberté. La norme peut être émancipatrice comme la liberté peut être contraignante! Et cela se révèle d'autant plus vrai qu'il s'agit de penser *non pas l'action individuelle* mais l'action collective! L'article 4 de la Déclaration des droits de l'homme et du citoyen de 1789 rappelle que «*la liberté consiste à pouvoir faire tout ce qui ne nuit pas à autrui*». Il ajoute aussi que «*les bornes de cette liberté ne peuvent être déterminées que par la loi*». On n'a pas assez remarqué que dans ce texte pourtant fondateur, la liberté est décrite par *une métaphore géométrique*, celle des «bornes» d'un territoire. La loi ou la norme prend alors l'image, négative et liberticide, de ce qui enclos. Chacun doit rester dans son espace propre pour que l'autre soit libre. Pour tous, cette métaphore semble avoir la force de l'évidence. Pour autant, elle masque le *pouvoir libérateur* de certaines normes de gestion. Il suffit de penser à la fixation des poids et mesures, en quoi s'agit-il de «bornes»? Et quel est le territoire de liberté ainsi clôturé? Depuis l'Antiquité, l'échange marchand a été – non pas «borné» – mais «libéré» par l'instauration de ces étalons.

Il faudrait donc affirmer que la société libre repose d'une part, sur les libertés individuelles, et d'autre part, sur des normes de gestion qui définissent l'action éclairée et responsable, normes tout aussi libératrices que les libertés individuelles, mais qui ont pour objet l'action collective. Le pouvoir libérateur de la norme de gestion s'explique donc par la nature de l'action collective. Celle-ci ne peut exister sans les *instruments* qui favorisent la mise en cohérence *cognitive et relationnelle* des actions de chacun avec les autres. La norme est libératrice quand elle constitue elle-même un instrument de l'action collective, ou quand elle en facilite l'existence. On peut penser ici à la langue comme exemple de norme qui permet la liberté d'expression dans l'échange. La «borne» est aussi un instrument d'action collective, mais il s'agit d'une action particulièrement *pauvre*, qui se limite à assigner à chacun un espace propre. La métaphore de la borne révèle la vision implicite de l'action dans l'ordre libéral: *une absence d'action collective* ou limitée à un «chacun chez soi». Dans l'histoire, les normes de gestion «libératrices» ont été nombreuses. C'est à elles que l'on doit l'impulsion donnée au commerce et à l'industrie depuis le moyen-âge. Le mouvement s'accélère au XIXe siècle et tout particulièrement avec la naissance des entreprises dont les formes de l'action collective étaient sans précédent. Remarquons aussi que, dans les États modernes, les normes de gestion ne sont pas le seul fait de la loi. Tout l'appareil éducatif, professionnel, artistique vise à la génération de normes. La fin des corporations de l'Ancien régime n'a pas été le retour à la liberté, mais l'abandon d'un type de normes de gestion organisant l'activité et la transmission des métiers.

De la «société»: la norme de gestion qui «associe» les marchands

Lorsque Jacques Savary publie son *Traité du parfait négociant* en 1675, l'arsenal des normes de l'activité marchande est déjà grand et il intègre l'héritage romain en matière de *sociétés*[19]. Un siècle avant Adam Smith et Richard Cantillon, on sait déjà que les marchands peuvent créer des *sociétés* permettant d'agir ensemble et de partager des risques. Si l'on s'en tenait aux seuls principes de la liberté d'entreprendre et de la maximisation du profit, la constitution de la «société» devrait être laissée au libre contrat entre marchands. Mais depuis Rome, il a été choisi de normer les différentes formes de *sociétés*, et donc les règles de leur gouvernement[20]. En effet, dès l'époque romaine, le principe constitutif de la société stipule que: «*Chacun des associés doit porter aux affaires de la société le même soin qu'à ses propres affaires*»[21]. Ce principe est incompatible avec l'ontologie individualiste de l'entrepreneur. En outre, il exige l'abandon de la libre maximisation du profit pour chaque associé. La «bonne gestion» ne peut plus se définir comme la gestion égoïste, par chaque associé, de «ses propres affaires». Le droit des sociétés ne pouvait donc en aucune façon se déduire des lumières libérales économiques et politiques. On le sait, il fut complètement repris du droit romain et introduit quasiment à la lettre dans le code civil en France et dans le droit de nombreux pays.

Mais alors qu'attend-on des associés? Une fois retrouvé l'héritage théorique et politique de *gerere*, il n'est pas surprenant de constater que les normes de la *societas* découlent directement de l'idéal romain de la bonne gestion (*bene gesta*). Car chacun promet à tous les autres une prise en compte juste et bienveillante de leurs intérêts. Les associés doivent se promettre réciproquement: justice, équité et *benevolentia* (prise en compte des intérêts des autres associés). Ils s'engagent aussi à respecter

19 En outre, créée en 1602, la Compagnie hollandaise des Indes orientales inaugure la société par actions, mais celle-ci reste exceptionnelle.

20 Par exemple, pour les sociétés commerciales, l'obligation de créer la société par un écrit (ce qui suppose un savoir écrire, lire et une langue commune…).

21 *Ibid.* Rauter; source romaine: L 72 Digeste pro socio Gaius.

les procédures qui garantissent des décisions collectives éclairées : *prudentia*, *provisio*, assemblée, reddition des comptes… La « société » institue donc une forme d'action collective qui exige plus que des « bornes » séparant les associés. Elle ne se limite pas à des règles de partage de la propriété. Il faut décider ensemble, se répartir des tâches, procéder à des vérifications etc. Il faut aussi être solidairement responsable vis-à-vis de ceux qui ne sont pas des associés, vis-à-vis de la cité, des clients, des créanciers… Comme on pouvait s'y attendre, le développement des sociétés a suscité une instrumentation de plus en plus sophistiquée de la gestion entre associés : appareillage comptable, contrôle des comptes, assemblée générale, règles de cession des parts, etc. Cette instrumentation n'est que de peu d'utilité pour développer les activités de la société, car celles-ci dépendent surtout du savoir-faire organisationnel, manufacturier et commercial. Elle est cependant indispensable pour assurer à chaque associé que la *conduite* de la société est loyale, qu'elle agit pour le bien collectif, et qu'elle respecte la justice entre les associés. En outre, il faut aussi convaincre tous ceux qui sont affectés par l'action de la société, de la sincérité et de la justesse de ses comptes.

Même si au XVIIIe siècle, elle peut commanditer des activités manufacturières, la société reste une réunion de marchands. L'extension des associés et la nécessité de protéger ceux-ci en cas de faillite, favoriseront *la société anonyme et la responsabilité limitée*. La création de cette nouvelle forme de société mériterait à elle seule une étude approfondie car elle marque le passage de la société comme réunion de marchands (ou d'entrepreneurs) à la société comme réunion d'« actionnaires ». Ces derniers peuvent être de simples détenteurs de titres dont la participation à l'action collective est restreinte à cette seule propriété. Mais le grand bouleversement ne s'opère qu'avec l'explosion des activités industrielles au milieu du XIXe siècle. Les sociétés se trouvent alors *étroitement intriquées* avec un monde d'ouvriers, de machines, d'ingénieurs, sans précédent dans l'histoire.

3. Norme de gestion et formation des entreprises : l'impact de la science et du *scientific management*

La science industrielle et l'administration scientifique : une nouvelle conception du futur

Avec les progrès de l'histoire, il est plus aisé d'observer que le développement industriel n'est pas le résultat mécanique du développement du commerce, y compris, via la formation des empires coloniaux. Sa cause principale tient à la pénétration des démarches scientifiques et des recherches techniques dans l'ensemble des activités industrielles. Et tous les pays qui n'ont pas pu suivre cette transformation, au même rythme que l'Occident, sont aujourd'hui des pays pauvres *quel que soit le génie marchand* de leurs citoyens.

Dès la première révolution anglaise (1730-1790), l'influence des innovations techniques et scientifiques est visible avec les filatures mécanisées, les machines à vapeur et la redécouverte des porcelaines et des émaux. Au milieu du XIXe siècle, elle devient spectaculaire avec la naissance de l'industrie des colorants chimiques et des techniques de conservation alimentaires. Au tournant du XXe siècle, la mutation est générale et la révolution technique et scientifique s'emballe avec l'électricité, le télégraphe, l'automobile, l'avion, le cinéma, les antiseptiques, les plastiques…

L'entreprise moderne est la fille de cette révolution. Car cette dernière bouleverse aussi bien le monde des marchands que celui du travail, tels qu'ils avaient existé depuis des siècles. La vie marchande était rompue au risque et aux aléas. La notion de chance, celle de bonne ou de mauvaise fortune sont familières aux commerçants.

Mais la science introduit une rupture majeure *dans la conception du futur*. L'avenir devient *inconnu* car nul ne sait ce que seront les progrès de la connaissance. Mais l'avenir devient aussi un *terrain d'action*, car les progrès futurs bénéficieront à ceux qui les ont obtenus ou qui sauront en tirer le meilleur parti. Il ne suffit donc plus, au marchand de supputer les chances de faire une bonne ou une mauvaise vente ou de rester vigilant à la nouveauté. Il doit se tenir informé des nouvelles techniques et des nouvelles activités, quand bien même seraient-elles à un stade précoce. Et parfois, il lui faudra investir dans ce qui n'est encore qu'embryonnaire ou à l'état de *chimère*, s'il veut prendre les devants sur ses concurrents. La sagacité, le flair du marchand ne sont plus suffisants : il doit se faire *explorateur* d'un monde inédit et envisager les bouleversements de son activité comme le cours, désormais normal, de l'histoire.

Les transformations du travail introduites par l'irruption de la science dans le monde industriel sont de même envergure. On y retrouve l'introduction de l'inconnu et la certitude des bouleversements futurs. Il faut cependant y ajouter une transformation *radicale de la nature des collectifs de travail*. Emergent alors les notions d'« organisation du travail » ou d'« organisation de l'entreprise ». Traditionnellement, la vie au travail était structurée selon deux axes. Verticalement, on était simple apprenti ou compagnon, et certains pouvaient espérer passer maitre et parfois devenir indépendant. Horizontalement, on se situait dans une division des métiers, et parfois au sein d'un métier dans un type de taches ayant une identité relativement stable. Ni l'extension du commerce, ni la concurrence ne favorisaient nécessairement une transformation de ce système de repères. Il suffit pour s'en convaincre d'observer des économies artisanales dans les pays pauvres. En revanche, les mutations techniques opèrent des déstabilisations *organisationnelles* dans les deux directions. En outre, les acteurs concepteurs de ces mutations entrent eux aussi dans l'arène : leur travail consiste désormais à changer les règles du travail des autres !

Vers 1880, ces grandes transformations sont déjà en marche. Elles se superposent avec la ***montée du mouvement social***, les grandes luttes ouvrières et la reconnaissance du fait syndical (1884)[22]. En outre, des penseurs du mouvement social et de l'analyse du travail, comme Albert Thomas et Arthur Fontaine[23] verront dans la nouvelle « organisation scientifique du travail » issue du mouvement Taylorien (*scientific management*), la voie permettant d'accéder à un travail ouvrier protégé de l'arbitraire patronal et à une responsabilisation des entreprises dans la formation technique des ouvriers.

Vers 1890, il était clair que l'activité des sociétés anonymes ne pouvait plus se lire comme des opérations marchandes et manufacturières analogues à celle qui prévalaient en 1800. Certes, depuis 1867, la création de sociétés anonymes était libre et celles-ci étaient de plus en plus tenues d'obéir à des normes comptables et de mettre en place des contrôles externes de leurs comptes. Mais dans sa nature, la société des actionnaires n'avait guère changé. À l'inverse, un monde nouveau était en pleine croissance avec des activités, des modes d'organisation et un rapport à la connaissance totalement transformés.

Un chef d'entreprise organisateur et prévoyant

La *loi de 1898 sur les accidents du travail* peut être considérée comme étant l'acte légal qui marque la prise en compte de ce nouveau monde et par conséquent la naissance de l'entreprise. Car cette loi introduit la première norme de gestion, qui rend visible « l'entreprise » et non plus seulement la société, le patron et l'ouvrier. La loi reconnaît d'abord ***un nouvel ordre productif*** : celui d'un atelier organisé où se côtoient des ouvriers et des machines. Un atelier dont le fonctionnement n'a rien de naturel et de traditionnel, et qui résulte du *pouvoir de conception et d'organisation* du « chef d'entreprise »[24]. Dans ce nouvel ordre productif, l'accident n'est pas nécessairement le fait d'une faute ou d'une négligence, mais peut relever de la part d'inconnu inévitable propre aux techniques. Il incombe donc au chef d'entreprise de compenser cette part d'inconnu en contractant une assurance qui réparera le préjudice résultant de l'accident.

Vingt siècles après Rome, on a là un exemple quasiment parfait de « *bene gesta* » cicéronienne. Celui qui « gère » ne peut agir en ayant en vue que son seul intérêt !

---

22 L'entrée des sciences dans l'industrie et le mouvement social ne sont pas des processus indépendants, en revanche leurs liens sont complexes. Cela tient certainement à ce que les ingénieurs, grands promoteurs de la science industrielle, se sentent d'abord plus proches des thèses du patronat. Mais cette position évolue au cours du premier tiers du XXe siècle.

23 Albert Thomas et Arthur Fontaine furent tous deux, respectivement, directeur général et président du Bureau International du Travail en 1920.

24 Sur la notion de « pouvoir d'organisation » et ses implications en droit, voir Vernac (2012).

Car cela conduirait inévitablement à faire peser sur l'ouvrier non seulement le risque de l'accident mais aussi la charge de démontrer que ce dernier est survenu par la faute du patron. On installerait alors chez l'ouvrier, la méfiance source d'inefficacité, ainsi que le sentiment d'injustice et de déloyauté. La loi sur les accidents du travail constitue aussi un bon spécimen de *la norme de gestion libératrice*, car elle ouvre la voie aux progrès du machinisme industriel, tout en infléchissant sa trajectoire vers une certaine prospérité collective.

Enfin – et c'est certainement l'aspect le plus important de cette innovation législative – la loi de 1898, instaure «l'entreprise» comme un projet de gestion, un nouveau «*rem gerere*» (Crété, à paraître), une action collective nouvelle – prévoyante, technicienne, organisatrice, contrôlée – où se déploie une responsabilité différente de celle qui naît à la formation de la société anonyme.

Cependant, cette instauration est encore limitée au risque d'accident. La construction plus générale de la bonne gestion des entreprises – entendue à la fois comme mission scientifique et mission sociale – ne se fera pas uniquement par la loi. Y contribuera surtout la formation d'un corpus académique et doctrinal inédit: la science de l'administration scientifique ou science du management[25].

La science administrative[26]: épistémologie, mission et autorité dans l'entreprise

La construction de ce corpus s'étend sur tout le XXe siècle. Mais c'est indiscutablement à deux ingénieurs, Henri Fayol et Frederick Taylor, que l'on doit l'impulsion théorique et l'engagement initial de ce corpus. Tous les deux sont des scientifiques, mais Fayol est un chef d'entreprise et Taylor, un chercheur-consultant spécialiste des usines. Le premier veut transformer la direction des entreprises, le second celle des ateliers de production. Mais ils partagent une conviction commune, c'est la nécessité de mettre la démarche scientifique et la recherche au cœur de toute méthode de gouvernement, car elles seules peuvent à la fois créer de nouvelles richesses et permettre une distribution juste de celle-ci. Les apports de Fayol et de Taylor auront un impact international de grande ampleur. Chacun d'eux fait l'objet de multiples controverses et d'interprétations diverses selon les pays. Mais leur message se propage *avec force* dans de multiples directions. Les anciennes écoles de commerce qui initiaient à la vie des affaires, donc au droit et à la pratique des sociétés, devront réviser leur enseignement pour intégrer les principes du management scientifique et les rudiments de

25 Elles ont eu plusieurs dénominations souvent équivalentes: sciences administratives, sciences de l'organisation, sciences de gestion, sciences du management.

26 L'expression «science administrative» renvoie à Henri Fayol. Taylor et les auteurs qui suivent parleront eux de «scientific management».

l'organisation industrielle. Sur le terrain, se créent de multiples associations et institutions (Moutet 1997) qui diffusent ces nouveaux savoirs et organisent le partage d'expériences entre les pionniers de nouvelles pratiques de gestion.

Les historiens ont souvent rendu compte de cet immense mouvement en le dénommant « rationalisation du travail ». Mais l'expression ne reflète que partiellement les transformations en cause, car elle laisse entendre que *seul le travail est rationalisé*. Or, c'est aussi l'ensemble du système d'encadrement et de direction qui est bouleversé. Sur la même période, les départements d'ingénierie (bureaux d'études), du personnel, de marketing croissent de façon accélérée. De nouveaux dirigeants apparaissent qui ne sont plus des associés majoritaires de la société, mais des employés auxquels est désormais confié le destin de l'entreprise, sans pour autant qu'ils aient le pouvoir de gouverner la société elle-même.

La « rationalisation » masque aussi les dynamiques scientifiques à l'œuvre, que plusieurs chercheurs ont appelé « le tournant Fayolien »[27]. En effet, l'essentiel des démarches de l'organisation scientifique du travail est inséparable des laboratoires de recherche industrielle qui naissent et se répandent dans tout le tissu industriel durant la même période (Le Masson et Weil 2016). Or ces laboratoires ne s'intéressent pas seulement à l'optimisation des ateliers. Ils sont tout aussi attachés à découvrir de nouvelles matières, de nouveaux procédés et le cas échéant de nouvelles sciences. C'est dans ces laboratoires que naitront bientôt les aciers spéciaux, les composants de l'industrie électronique, la TSF, etc.

Le nouveau corpus doctrinal opère donc *une révolution épistémologique* dont vont s'emparer de nombreux acteurs aussi bien publics que privés. Il construit une phénoménologie, une théorie et une doctrine de « l'entreprise » qui n'accorde qu'une part très marginale – et le plus souvent aucune – à la société. Les ouvrages qui se succèdent, les cours, les revues scientifiques ont pour objet « la gestion scientifique des entreprises ». Car ce qui désormais définit l'entreprise, ce n'est plus son ancrage légal – la société anonyme – mais ce sont les doctrines de son gouvernement. Et par « gouvernement », on entend les actes des dirigeants exécutifs, dont les décisions et la vision marquent le destin de ces nouveaux collectifs. Les concepts centraux de ce corpus doctrinal reflètent bien son originalité épistémologique : structure, organisation, stratégie, planification, coordination, optimisation, contrôle, etc. Cette nouvelle épistémologie confère une réelle substantialité à la notion d'entreprise. Elle fournit aussi l'infrastructure sur laquelle on peut bâtir une famille de normes de gestion. Car le concept de « management » désigne aussi bien *une mission, une autorité*, et *un ensemble de méthodes*.

27 Cf. Dossier sur le *Tournant Fayolien*, numéro spécial de la revue Entreprises et Histoire (2016, n°83) (Segrestin 2016).

Dans sa première formulation, cette mission est explicitement d'introduire les bienfaits de la science et de la recherche technique. Car ceux-ci augmentent les richesses produites – donc le service rendu à aux clients – sans accroissement proportionnel de l'effort des personnels ou des associés. Le profit ainsi créé bénéficie, en principe, à tout le monde, même si sa distribution reste inégalitaire. On comprend donc que le premier acte normatif associé au «*Scientific management*» soit la décision prise en 1910, par le Juge Louis Brandeis, de refuser une augmentation de tarifs aux compagnies de chemins de Fer de de l'Est américain (Drury 1918). Brandeis s'appuie sur l'argumentation suivante: les compagnies mettent en avant un accroissement du coût de leurs achats pour justifier des tarifs plus élevés, mais les principes du *scientific management* récuse tout lien mécanique entre ce coût et le prix des produits finaux, puisque la mission d'une entreprise est précisément de rechercher les méthodes les plus efficaces. La décision fera scandale et assurera la notoriété des Tayloriens. Le message sera largement perçu, la mission des entreprises n'est pas de faire n'importe quel profit, mais de rechercher le profit qui bénéficiera à tous. Et la recherche scientifique et technique est le seul profit légitime et responsable.

Dès les années 30, il est acquis que la mission du management est d'assurer la pérennité de l'entreprise par des efforts techniques continus, en donnant le meilleur service aux clients, et en promouvant les meilleures relations sociales au sein de l'entreprise[28]. La science du management peut donc se déployer à la fois comme une science de l'entreprise, mais aussi comme une science de l'administration, de l'organisation, de l'action collective dans la mesure où «l'entreprise» n'a pas d'identité légale et se définit surtout par des phénoménologies nouvelles de l'agir[29].

La théorisation de l'entreprise à partir du management a aussi consolidé la légitimité de la nouvelle élite des «chefs d'entreprise»[30]. Ils n'apparaissent plus comme les simples mandataires des associés détenteurs de parts de la société, mais comme les «leaders» d'un monde original et paradoxal: économique et social, savant et pragmatique, visionnaire et conservateur, dynamique et routinier. Ils éclipsent totalement les anciens propriétaires en haut de forme, les maîtres de forges, les deux cents familles, bref l'ancienne caste des bourgeois propriétaires et rentiers. Les nouveaux managers doivent conquérir leurs responsabilités au terme d'un parcours méritoire au sein d'une ou de plusieurs entreprises. Le plus souvent la carrière a été longue et a pris plusieurs étapes dans des métiers différents. Il s'agit donc d'une ***autorité spécifique*** dont les compétences et les méthodes sont

28 Cf. les travaux d'Elton Mayo dans les années 30.

29 Les chercheurs issus du management scientifique seront ensuite ceux qui développeront les connaissances les plus précises et les plus étendues sur les entreprises (cf. Hatchuel [2001] 2013).

30 Ils vont d'ailleurs assez vite se dénommer «managers».

issues de l'histoire des entreprises elles-mêmes, et puis ensuite des nombreuses écoles qui formeront au Management.

La théorie du management a été au cœur de plusieurs transformations légales, pratiques et culturelles. Elle a fourni une épistémologie, une mission et un cadre doctrinal qui ont donné à voir l'entreprise moderne, par le truchement de ces modalités d'action collective. Elle permet la formulation de multiples normes de gestion qui guident le « bon manager ». Enfin, en occultant (pendant quelques décennies) les intérêts spécifiques de la société anonyme, elle a permis de diffuser dans la culture commune l'idée que le développement des entreprises se confond avec la prospérité d'un pays, d'une région ou d'une ville.

Malgré la vivacité toujours présente des conflits sociaux, malgré la grande guerre entre socialisme et libéralisme, la révolution managériale a permis, à ses débuts, le passage de l'ancien monde industriel à celui de l'entreprise moderne. Dès la fin des années 30, Berle et Means l'ont bien compris et leur ouvrage marque la confirmation de l'épistémologie managériale (Berle et Means 1932)[31].

4. La crise contemporaine de l'entreprise : restaurer la mission comme source normative de la gestion

La mise en place du capitalisme financier et des codes de la *Corporate Governance* à partir des années 1970 a été souvent analysée. Pendant longtemps, on n'y a vu qu'un rééquilibrage de la gestion des entreprises cotées, en faveur d'une meilleure rémunération des actionnaires. Mais ce qui s'est progressivement mis en place a été bien plus profond qu'une simple augmentation moyenne de la part des dividendes versés.

Une industrie de la détention de titres[32]

Si la révolution managériale a permis l'existence de l'entreprise et fondé sa première mission, elle l'avait fait en accordant aux actionnaires « un rôle très réduit » comme le disait Fayol en 1917 (Fayol 1917). Mais à partir des années 1980, l'actionnaire individuel – celui qui se méfie de la volatilité de la bourse, celui qui détient ces titres pendant une moyenne de 7 ans, celui qui espère dans la durée un rendement raisonnable de son argent – cet actionnaire-là, est progressivement devenu minoritaire. Il a été remplacé par... des entreprises, parfois géantes qui ont fait du placement et du négoce des actions ***une nouvelle industrie***. On les

31 Adolf Berle a été membre du cabinet d'avocats de Louis Brandeis.

32 Nous nous appuyons dans ce qui suit sur le travail de thèse de Rachelle Belinga à MINES ParisTech.

appelle des « fonds » parce qu'elles collectent elles-mêmes des capitaux. Ces fonds s'adossent eux-mêmes à d'autres fonds qui émettent aussi des actions et dont l'activité consiste à détenir des actions ou d'autres actifs financiers. Ainsi, un ensemble de fonds organisés et puissants est devenu le principal actionnaire des entreprises « non financières », donc de celles qui créent les produits et les services qui font la civilisation.

Cette révolution actionnariale va occulter l'entreprise au profit de la société anonyme. Depuis les années 1980, la diffusion des codes de *Corporate Governance* ont exclusivement mis l'accent sur la gouvernance de la société autrement dit sur les engagements entre associés et sur les devoirs des dirigeants vis-à-vis des associés. L'ensemble du système comptable a progressivement été transformé pour répondre en priorité aux attentes des analystes financiers qui guident systématiquement les décisions des fonds[33]. Les effets de cette révolution actionnariale sont massivement visibles dans la grande crise financière qui se déclare en 2008. Car c'est la gouvernance des banques qui est la cause d'une modification majeure de leur comportement face au risque (Segrestin et Hatchuel 2012). On est passé en effet d'une gestion bancaire prudente, ancrée sur le long terme, à la recherche de produits risqués susceptibles de créer des profits et des dividendes élevés. On sait la débâcle qui en a résulté. Mais la gouvernance actionnariale s'est étendue à l'ensemble des sociétés cotées favorisant des comportements aussi irrationnels que contrastés. Car on observe aussi bien l'engouement pour des start-ups longtemps non rentables, que la chute précipitée des actions de sociétés solides et anciennes parce qu'elles décident une diminution de leurs dividendes. Ces errements se sont accompagnés d'une croissance démesurée des rémunérations des dirigeants, rémunération elle-même alignée sur la valeur des actions.

La gouvernance actionnariale a aussi provoqué ***une régression théorique*** majeure. Elle a imposé à nouveau le contresens classique qui confond bonne gestion est maximisation de son propre intérêt[34]. De facto, la gouvernance actionnariale impose ses objectifs, ses règles comptables, et fait peser sur toutes les décisions des dirigeants un jugement rapide et sans ambiguïté : celui de la valeur du titre. Dans le monde de la *corporate governance*, il faut admettre que la séparation entre associés et dirigeants est devenue illusoire. Il en résulte que la responsabilité limitée peut s'interpréter comme ***un permis de distordre*** la gestion des entreprises dans le seul intérêt des associés. Car même si cette déformation conduit aux

33 Quand ce n'est pas tout simplement des algorithmes qui s'occupent des ordres permanents d'achat et de ventes.

34 En outre, cette conception est imposée au bénéfice d'associés qui bénéficient de la protection qu'offre la « responsabilité limitée ». Or, cette responsabilité limitée avait une contrepartie nécessaire : la non immixtion de l'associé dans la gestion des entreprises. Ou ce que l'on aussi appelé la séparation entre contrôle et gestion.

comportements les plus violents vis-à-vis des personnels ou d'autres parties concernées, voire à des transgressions de la légalité (Dieselgate, Lafarge-Holcim), les associés n'auront pas à répondre de ces fautes.

Conclusion : la mission des entreprises, un cadre reconstructeur

La gouvernance actionnariale a été imposée de facto par la transformation des acteurs financiers et par le retour des doctrines de l'entrepreneur maximisateur de son profit. Mais il faut reconnaître qu'elle a été aussi rendue possible par *l'absence de théories alternatives*. Depuis quelques années, un grand nombre de travaux récents[35], ainsi que cette contribution, visent à combler ce manque. Quels peuvent être les bases de ce cadre théorique alternatif ? Nous ne pouvons que souligner ici quelques-unes de ses propositions principales[36].

Au-delà du management scientifique : création collective et nouvelles responsabilités

Le management scientifique n'avait pas réussi à produire une théorie de l'entreprise qui : i) englobe l'ensemble des contributeurs de l'entreprise, et notamment les associés ; ii) intègre une conception *évolutive et extensive* des responsabilités de l'entreprise. Cette nécessité découle tant des évolutions de la science elle-même (environnement, santé des clients et des personnels, changement climatique) que de la conquête des droits fondamentaux dans les pays pauvres (lutte contre la corruption, travail décent, travail des enfants…). À vrai dire, cette absence tient aussi à l'oubli des théoriciens comme Mary Parker Follett et Chester Barnard (O'Connor 2011). Ces auteurs qui viennent après la génération pionnière de Fayol et Taylor, avaient engagé un renouvellement théorique dans deux directions qui sont particulièrement utiles aujourd'hui. Follett découvre l'importance des *processus créatifs* à travers son expérience des mouvements caritatifs (Follett 1924). Elle étend ainsi aux mouvements sociaux qui identifient de nouvelles responsabilités, la dynamique créative associée jusque-là à la seule recherche scientifique ou artistique. Quant à Barnard, comme dirigeant d'une des premières compagnies de téléphone, il découvre que la vie des organisations de service ne peut se décrire uniquement à travers des règles d'activité préétablies (Barnard [1938] 1968). Il comprend la nécessité d'une mission explicite (*purpose*) et partagée comme fondement à la coopération au sein de l'entreprise mais aussi entre l'entreprise et son environnement.

35 Et notamment, l'ensemble des recherches menées à MINES ParisTech et au Collège des Bernardins.

36 Un premier projet de cadre alternatif a été l'objet de l'ouvrage *Refonder l'entreprise* (Segrestin et Hatchuel 2012).

Aujourd'hui, l'héritage du management scientifique ne disparaît pas. Mais il doit être repensé à partir des théories récentes des processus d'innovation qui donnent un fondement plus général aux intuitions de Follett et Barnard (Le Masson, Weil, et Hatchuel 2010). Ces approches confirment que la création contemporaine des richesses s'appuie toujours sur la recherche technique et scientifique, mais exige aussi *la participation de tous les acteurs* à des taches de conception et de transformation de l'entreprise. Autrement dit, que le fonctionnement de l'entreprise doit passer d'une logique d'apprentissage collectif à *une logique de création collective*. Cette mutation impose de considérer tous les acteurs de l'entreprise comme étant à la fois des co-investisseurs et des co-créateurs[37].

De surcroît, l'héritage antique retrouvé nous rappelle qu'une théorie de l'entreprise doit aussi conduire à des normes de gestion, c'est-à-dire à des lois, des règles ou des prescriptions qui légitiment l'action en tant qu'elle est à la fois efficace et responsable. Or, les notions de *création collective* et de *responsabilité extensive* que nous venons de préciser conduisent à énoncer au moins deux corpus de normes complémentaires : d'une part des *normes d'équité et d'équilibre* ; d'autre part, des *normes de développement durable.*

Des normes d'équité et d'équilibre entre les contributeurs

La théorie de l'entreprise comme création collective induit inévitablement *une norme d'équité et d'équilibre* dans le traitement des différents contributeurs. Sur ce point, il faut remarquer que cela implique de traiter toutes les parties selon la vielle norme de la « sociation tacite ». Ce qui revient à considérer tous les contributeurs comme des *associés potentiels*, même s'ils peuvent l'être à des *degrés divers d'association.*

On peut ainsi définir un premier cercle, actionnaires et personnels salariés, que l'on peut nommer parties « constituantes », ou comme parties « engagées » parce qu'elles acceptent l'autorité des dirigeants (Levillain 2015, 2017). Ces parties méritent désormais d'être redéfinies dans une logique d'équité dans la sociation. Il faut donc revoir la notion même de contrat de travail, et la repenser comme *un contrat de sociation*[38], en distinguant deux volets :

- *un contrat d'activité salariée* qui est relatif aux taches prescrites (ou à la fonction) dans l'entreprise et rémunéré comme tel ;

---

37 On retrouve ici la nécessité d'abandonner sans ambigüité la vielle distinction de Cantillon entre « entrepreneurs et gens à gage » qui n'a aucune consistance théorique et ne correspond en rien à la réalité.

38 Dans sa synthèse du programme des Bernardins, Blanche Segrestin distingue normes de constitution et normes de gestion de l'entreprise. Les normes de constitution correspondent, nous semble-t-il, à l'explicitation de ce contrat de sociation (Segrestin & Vernac 2018).

- *un contrat d'investissement salarial* qui précise que l'engagement du salarié sera rétribué par la possibilité de renforcer son *potentiel* (Segrestin et Hatchuel 2012) de façons diverses : acquisition de compétences, participation accrue à la gestion, intéressement aux bénéfices et au capital. Il s'agit donc de réunir ici, les promesses d'un développement personnel et d'une sociation croissante, pouvant dans certains cas évoluer vers une codétermination complète. En Europe, la plupart des pays ont un droit du travail qui définit *implicitement* un contrat d'investissement salarial et son effet le plus manifeste est le degré élevé de codétermination. En France, il s'agira de poursuivre dans cette voie[39], même si la tradition et la culture ont favorisé une conception du travail limitée à l'activité[40].

Au-delà des parties engagées dans l'entreprise, s'impose un régime de responsabilités variables vis-à-vis de multiples parties concernées par l'action de l'entreprise. Toutes ces parties doivent bénéficier de la recherche d'équité et d'équilibre, mais elles doivent être d'abord identifiées à travers l'exercice de normes de prévoyance et de vigilance.

Des normes de prévoyance et de vigilance

On l'a vu, la théorie de l'entreprise comme création collective est inséparable d'un régime évolutif et extensif des responsabilités. En effet, on sait bien que la création collective s'accompagne aussi de processus de destruction. Mais il est en revanche irresponsable de penser que par elle-même la destruction est créatrice ! Tout processus de création collective a donc vis-à-vis d'autrui deux responsabilités irréfragables. Pour la première responsabilité, on peut reprendre la *benevolentia* cicéronienne : il faut s'efforcer d'agir pour le bien d'autrui. Mais il faut ajouter à cette responsabilité celle de limiter les destructions associées aux créations de l'entreprise : on peut parler ici d'un principe de *réparation ou de non-nuisance*. Aujourd'hui, sur le plan international, *les objectifs mondiaux du développement durable* proposent un système de normes cohérent avec ces deux principes. Elles permettent aussi d'identifier les parties les plus pertinentes pour la conduite de l'entreprise. L'identification et la reconnaissance des *parties génératrices de responsabilité* implique pour l'entreprise une autre norme de gestion : un devoir de *prévoyance*[41], avec son corollaire qui a déjà été inscrit dans le droit français : le devoir de *vigilance*.

39 On se reportera ici aux travaux du groupe « codétermination » du collège des Bernardins (2017) sous la direction d'Olivier Favereau (2018).

40 Voir le chapitre dans cet ouvrage et la contribution d'A. Hatchuel, L'entreprise en France et en Allemagne. Divergences actuelles et convergences futures, in *L'Europe en mouvement, colloque de Cerisy,* Hermann, 2017.

41 Qui ne signifie pas capacité à prédire ! Mais capacité à reconnaître l'inconnu et à organiser l'engagement et la solidarité des parties.

La mission, source et guide des normes de gestion

Équité et équilibre entre les parties, contribution aux objectifs du développement durable, réparation et non-nuisance, prévoyance et vigilance, ainsi peut-on esquisser les principales composantes normatives de ce que serait la mission restaurée d'une entreprise dans le monde contemporain. Cette mission libérera la création collective parce qu'elle réoriente la puissance et le pouvoir des entreprises vers le développement promis à tous. Mais qui peut fixer une telle mission ? Et quel peut être le rôle de l'État et donc du droit dans la formulation de la mission des entreprises ? Nous rejoignons pour notre part, les propositions de la recherche sur les entreprises à mission qui recommandent de fonder en droit la possibilité pour une société anonyme d'affirmer une mission d'entreprise qui adapte dans chaque cas les principes des normes de gestion que nous avons évoqués (Levillain 2017). Cette mission devrait alors s'imposer à tous (associés, dirigeants, contributeurs...) avec autant de fermeté que la réalisation d'un profit raisonnable.

Une telle mission est-elle compatible avec la liberté d'entreprendre ? Et peut-on ainsi normer la gestion des entreprise ? L'ensemble des analyses de cet article devrait conduire à : i) répondre positivement à ces deux questions ; ii) affirmer que mission et normes de gestion sont les conditions d'existence d'une entreprise créative et responsable. Au moment où nous écrivons ces lignes, le rapport Notat-Senard vient de recommander d'introduire dans la loi la notion de « raison d'être » d'une entreprise. Dans la foulée le gouvernement a annoncé que la loi suivrait les recommandations du rapport.

À la fois dans sa définition et dans ses modalités d'application, la notion de « raison d'être », rejoint celle « d'objet social étendu » ou celle de « mission » bien étudiées par la recherche. On devrait donc, en toute vraisemblance, voir naître pour les entreprises qui le souhaitent, une source nouvelle de normes de gestion dont l'impact ne peut être sous-estimé et faire l'objet de recherches futures.

Références

Barnard, C. I. (1968). *The functions of the executive.* Harvard University Press. Première édition.

Berle, A. A., & Means, G. C. (1932). *The modern corporation and private property*. New Brunswick : reprint Transaction publishers 1991.

Commons, J. R. (1931). Institutional economics. *The American economic review*, 648-657.

Crété, M. (à paraître). La gestion à l'époque romaine : naissance d'une nouvelle catégorie de l'action collective. *Entreprises et histoire,* voir Working Paper i[3] (2016).

Drury, H. B. (1918). Scientific management: A history and criticism. *Studies in History, Economics and Public Law*, *LXV*(2).

Favereau, O. (Éd.). (2018). *Traité de la codétermination* (A paraître).

Fayol, H. (1917). *Administration Industrielle et Générale,* Paris : Dunod et Pinat.

Follett, M. P. (1924). *Creative experience*. New York: Longmans, Green & Co.

Foucault, M. (1966). *Les mots et les choses. Une archéologie des sciences humaines*. Paris: Editions Gallimard.

Foucault, M. (1969). *L'archéologie du savoir*. Paris: Editions Gallimard.

Friedman, M. (1970, septembre 13). The Social Responsibility of Business is to Increase its Profits. *The New York Times Magazine*.

Guéry, A. (2011). *Montchrestien et Cantillon: Le commerce et l'émergence d'une pensée économique*. ENS Éditions.

Hatchuel, A. (2013). Quel horizon pour les sciences de gestion ? Vers une théorie de l'action collective. In A. David, A. Hatchuel, & R. Laufer (Éd.), *Les nouvelles fondations des Sciences de Gestion* (p. 7-43). Paris: Presses des Mines. Première édition.

Le Masson, P., & Weil, B. (2010a). Aux sources de la R&D: genèse des théories de la conception réglée en Allemagne (1840-1960). *Entreprises et histoire*, *58*, 11–50.

Le Masson, P., & Weil, B. (2010b). La conception innovante comme mode d'extension et de régénération de la conception réglée: les expériences oubliées aux origines des Bureaux d'études. *Entreprises et histoire*, *58*, 51-73.

Le Masson, P., & Weil, B. (2016). Fayol, Guillaume, Chevenard–la science, l'industrie et l'exploration de l'inconnu: logique et gouvernance d'une recherche conceptive. *Entreprises et histoire*, 2, 79-107.

Le Masson, P., & Weil, B. (2008). La domestication de l'innovation par les entreprises industrielles : l'invention des bureaux d'études. In A. Hatchuel & B. Weil (Eds.), *Les nouveaux régimes de la conception* (p. 53-69). Paris : Vuibert

Le Masson, P., Weil, B., & Hatchuel, A. (2010). *Strategic management of innovation and design*. Cambridge University Press.

Levillain, K. (2015). *Les entreprises à mission : Formes, modèle et implications d'un engagement collectif* (Doctorat). MINES ParisTech, PSL Research University.

Levillain, K. (2017). *Les entreprises à mission : un modèle de gouvernance pour l'innovation.* Vuibert.

Moutet, A. (1997). *Les logiques de l'entreprise: la rationalisation dans l'industrie française de l'entre-deux-guerres.* Paris : Editions de l'Ecole des Hautes Etudes en Sciences Sociales.

Notat, N., & Senard, J. D. (2018). *L'entreprise, objet d'intérêt collectif.* Rapport aux Ministres de la Transition écologique et solidaire, de la Justice, de l'Economie et des Finances, du Travail. La Documentation Française. Consulté à l'adresse http://www.ladocumentationfrancaise.fr/rapports-publics/184000133-l-entreprise-objet-d-interet-collectif

O'Connor, E. (2011). *Creating New Knowledge in Management: Appropriating the Field's Lost Foundations.* Stanford University Press.

Rauter, J.-F. (1859). *Du contrat de société en droit romain* (Doctorat). Faculté de droit de Paris.

Rothbard, M. N. (1995). Richard Cantillon: The Founding Father of Modern Economics. *Ludwig Von Mises Institute, Alabama, 15.*

Savary, J. (1675). *Traité du Parfait Négociant.*

Segrestin, B. (2016). Le tournant fayolien: des révolutions industrielles à la naissance de l'entreprise moderne. *Entreprises et histoire*, 2, 5-12.

Segrestin, B. & Vernac, S. (2018). *Gouvernement, participation et mission de l'entreprise.* Paris : Herman.

Segrestin, B., & Hatchuel, A. (2012). *Refonder l'entreprise.* Paris: Seuil.

Segrestin, B., Roger, B., & Vernac, S. (2014). *L'entreprise: point aveugle du savoir.* Sciences Humaines.

Vernac, S. (2012). *Le pouvoir d'organisation: au croisement du droit du travail et du droit des sociétés* (Doctorat). Université Paris Ouest Nanterre La Défense.

Chapitre 2

Du bon gouvernement de l'entreprise en société[1]

Stéphane Vernac

Maître de conférences en droit privé, Université de Picardie Jules Verne
Centre de droit privé et de sciences criminelles d'Amiens (CEPRISCA)
Chercheur associé au Centre de gestion scientifique (Mines ParisTech)

Une réforme de l'entreprise serait à l'agenda politique. Un «*Plan d'action pour la croissance et la transformation des entreprises*», engagé par le gouvernement, se donne pour objet «*de repenser la place des entreprises dans la société, les faire grandir pour leur permettre d'innover, d'exporter et créer des emplois. La volonté est aussi de mieux associer les salariés à leurs résultats*»[2]. Reste à s'accorder sur ce que réformer l'entreprise signifie.

L'entreprise est la grande absente des réformes contemporaines qui, pourtant, la désignent. Concédons que les transformations du droit du travail visent l'employeur et, à travers lui, l'entreprise et son organisation juridique. Néanmoins, les relations qu'ordonnent les règles de droit, et qui sont constitutives de l'entreprise, ne se limitent évidemment pas aux rapports qui se nouent entre un employeur, et chacun des salariés ni aux relations professionnelles tissées avec la collectivité des travailleurs. Forme particulière d'action et de création collective[3], l'entreprise est le produit d'un agencement complexe de relations juridiques. Et c'est le droit des sociétés qui, le plus souvent[4], détermine le régime de cet

---

1 Cet article a été publié au sein de la *Revue de droit du travail*, avril 2018, p. 261.

2 Site internet du gouvernement (http://www.gouvernement.fr).

3 Selon A. Hatchuel et B. Segrestin, «*Depuis le milieu du* XIX*e siècle, l'entreprise est devenue l'une des formes les plus complexes d'action collective. Les recherches récentes en gestion ont mis en évidence la complexité du «métabolisme» des entreprises qui sont continuellement en train d'innover, de régénérer leurs ressources et leurs objectifs. Elle n'est pas simplement consommatrice de ressources, elle doit aussi organiser des processus collectifs de conception et de découverte de nouvelles ressources. Ainsi, l'entreprise est non seulement un lieu de coordination et de mise en valeur de compétences spécifiques et complémentaires, mais aussi un espace de création de valeur, c'est-à-dire – au-delà de la valeur actionnariale – de construction de nouvelles capacités d'action*» (Hatchuel & Segrestin, 2007, p. 244).

4 Les entreprises exploitées par une personne autre qu'une société, telle qu'une association, une fondation, un groupement d'intérêt économique, ne seront pas ici analysées.

agencement. La société donne en effet à l'entreprise une forme, des organes, des mécanismes de répartition des pouvoirs et des responsabilités.

Pour que l'entreprise devienne l'objet d'une réforme, les liaisons entre l'entreprise et la société méritent donc d'être repensées, et même pour l'essentiel, pensées. Dans le cadre des consultations lancées par le gouvernement, un rapport intitulé «*l'entreprise, objet d'intérêt collectif*», remis le 9 mars 2018 par Nicole Notat et Jean-Dominique Senard (2018), fait sien un diagnostic désormais largement diffusé, celui d'une «*grande déformation de l'entreprise*» (Favereau, 2014; *L'entreprise: formes de la propriété et responsabilité sociale*, 2012)[5]. Relevant que «*le court-termisme et la financiarisation pèsent sur la vie de l'entreprise*» (Notat & Senard, 2018, p. 3), ses auteurs observent très justement que le droit des sociétés est «*perçu comme décalé avec la réalité des entreprises et des attentes*» (Ibid., p.5).

Ce diagnostic n'est pas nouveau. Voilà plus d'un demi-siècle qu'ont été mis en lumière les risques d'une législation qui, en ignorant l'entreprise et en la cachant derrière la société, consacre la toute-puissance de l'actionnaire. Georges Ripert relevait ainsi que «*le droit de l'entreprise n'est pas encore établi. Pour l'instant, il est formé d'emprunts au droit commun des contrats et d'une législation fragmentaire sur les rapports de l'entrepreneur avec les détenteurs de capitaux et les salariés*»[6].

S'il est banal de relever que la société constitue le vêtement juridique de l'entreprise, il l'est moins de constater que ce vêtement traditionnel est devenu trop étriqué (I). Gouvernée par la société, l'entreprise est devenue «*prisonnière*» (A. Lyon-Caen, 2018) du droit des sociétés. La proposition formulée par le rapport Notat-Senard, de faire de «*l'entreprise et de son droit, une partie de la solution*», marque une étape importante[7]. L'entreprise pourrait bien devenir, à l'avenir, le fondement des réformes du droit des sociétés (II). Réfléchir au régime d'un «*bon gouvernement*»[8] de l'entreprise en société, n'est-ce pas une condition essentielle d'un véritable droit de l'entreprise?

5 Pour une présentation des cycles de recherche: www.collegedesbernardins.fr/recherche/economie-et-societe

6 Et l'auteur d'avertir cependant que si un droit de l'entreprise devait être établi, «*il marquera à n'en pas douter un certain déclin du régime capitaliste*» (Ripert, 1951, p. 18).

7 Voir également les propositions de la CFDT (Léon, Lellouche, & Durlach, 2018).

8 Le titre s'inspire de l'ouvrage de P. Rosanvallon (*Le bon gouvernement*, éd. Les livres du nouveau monde, 2015) titre lui-même inspiré d'un ensemble de fresques du XIVe siècle, d'Ambrogio Lorenzetti («Allégorie et effets du Bon et du Mauvais Gouvernement») placées sur les murs du Palazzo Pubblico de Sienne.

1. Le gouvernement de l'entreprise par la société

Les relations qu'entretiennent l'entreprise et le droit font l'objet d'une abondante littérature savante (A. Lyon-Caen, 2013). L'entreprise est parfois pensée comme une réalité économique extérieure au droit, un ensemble de moyens, matériels, financiers et humains ordonnés par l'entrepreneur (Catala, 1980; Champaud, 1962 ; Despax, 1957; Paillusseau, 1967), que les règles de droit qualifient, organisent. Mais l'entreprise peut aussi être saisie à travers les traitements juridiques auxquels elle donne lieu, afin d'éclairer ses usages en droit (Hannoun, 1991, p. 27)[9], ou, à travers eux, un possible modèle d'organisation, un paradigme d'entreprise (Peskine, 2008, p. 18; Supiot, 1985, p. 624). À mi-chemin entre ces approches, un autre angle d'analyse sera privilégié, consistant à observer comment les règles, et en particulier le régime des sociétés, «*structurent les entreprises, c'est-à-dire quelles relations sociales et quel cadre d'action elles contribuent à faire advenir*» (Jeammaud, Kirat, & Villeval, 1996, p. 118; Rapport de recherche pour la Direction de l'Animation des Études et des Statistiques du Ministre du Travail, du Dialogue social et de la Participation, 1996). Or, la configuration juridique de l'entreprise est ambivalente. Les liaisons entre l'entreprise et la société sont aussi nécessaires que dangereuses. L'entreprise doit beaucoup à la société et il n'est nul manuel, nul cours de droit des sociétés qui ne vante les mérites de la société comme technique d'organisation de l'entreprise, au service de cette dernière. La société donne à l'entreprise sa constitution, en définissant le régime de son gouvernement. Pourtant, le cadre juridique d'action, que permet le droit des sociétés est devenu corrupteur et a concouru aux maux dont elle souffre aujourd'hui.

Le gouvernement de l'entreprise enchâssé dans la société

La société est l'instance de gouvernement de l'entreprise. Le droit des sociétés définit les règles de distribution des pouvoirs et des responsabilités, permettant l'expression d'une volonté et autorisant l'exercice d'une capacité d'agir sur la scène juridique.

Ainsi, dans l'architecture sociétaire, les dirigeants de la société sont également les dirigeants de l'entreprise. Or, ils sont, en vertu de la loi, investis à l'égard des tiers des «*pouvoirs les plus étendus pour agir en toute circonstance au nom de la*

9 Selon l'auteur, le groupe traduit l'existence d'un conflit, dont la résolution est variable, entre la règle d'autonomie juridique et la règle qui commande de prendre en compte l'unité du groupe.

société»[10]. Défini comme un pouvoir de représentation de la société, le pouvoir des dirigeants paraît à première vue, indéterminé. Il ne l'est pas. Certes, aucun énoncé n'accorde expressément un privilège à l'intérêt des associés. L'article 1833 du Code civil, selon lequel toute société doit «*être constituée dans l'intérêt commun des associés*» ne pose qu'une règle d'équilibre entre les parties au contrat de société et non une règle de gestion de la société. Cependant, les associés disposent de prérogatives – à l'instar du droit de désigner et de révoquer les dirigeants et de voter l'affectation des bénéfices – aptes à contraindre les décisions de gestion des dirigeants (Segrestin, 2015a).

Dans cette constitution sociétaire, les procédures de contrôle sont, elles-aussi, déséquilibrées. Plusieurs dispositifs organisent déjà l'intégration des salariés et de leurs représentants au sein des organes d'administration ou de surveillance de la société. Et l'on a même pu, un temps, constater l'essor d'un «*parallélisme des droits de contrôle*» (Vatinet, 2000, p. 164), consistant à aligner certains droits de contrôle des représentants élus du personnel sur ceux des actionnaires. Mais la participation des salariés dans les organes de la société reste encore marginale si bien que le constat dressé par Ripert reste encore d'actualité: «*dans l'entreprise, il faut tenir compte des droits du travail et de la nature de l'exploitation; dans le droit des sociétés, il ne s'agit que du capital; le travail n'a aucune place dans leur gestion*» (Ripert, 1951, p. 123, n°52)[11].

Les règles du droit du travail instaurent, il est vrai, des procédures se superposant aux mécanismes sociétaires et visant l'entreprise ou l'employeur, indépendamment de sa forme juridique[12]. Mais en quête de son autonomie, le droit du travail n'aurait-il pas perdu de vue la société? Le droit du travail et le droit des sociétés, par ailleurs constitués en disciplines autonomes, portent chacun leur propre «*vision juridique du monde*» (Jeammaud, Le Friant, & Lyon-Caen, 1998, p. 359). Et dans ces mondes, les sujets et leurs actes sont distincts: ici, les décisions de l'employeur ou de ses représentants, là, les actes de la société, de ses organes, de ses dirigeants, de ses associés.

10 Il en est ainsi selon le code de commerce, dans la société anonyme, du conseil d'administration (art L. 225-35), du président (article L. 225-51), du directeur général (article L. 225-56), du directoire (article L. 225-64). Il en est également ainsi du gérant de SARL (article L. 223-18), du gérant de la société en commandite par actions (article L. 226-7), du président de la SAS (article L. 227-6).

11 L'auteur avertit cependant que si un droit de l'entreprise devait être établi, «il marquera à n'en pas douter un certain déclin du régime capitaliste» (p. 18).

12 Nicole Catala écrivait que «*le Droit du travail est en principe indifférent à la forme et à l'organisation juridique de l'entreprise: sous réserve des conditions d'effectifs qui parfois en commandent le jeu, il s'applique à tous les employeurs qu'ils soient personnes physiques ou personnes morales – et dans ce cas quelle que soit leur nature*», (Catala, 1980, spéc. n°115).

Ainsi, un cloisonnement peut être repéré entre le droit du travail et le droit des sociétés (Vernac, 2012). Les limitations des droits d'action et de contestation des salariés dans le droit des sociétés[13] concourent à séparer le droit du travail du droit des sociétés. Voilà qui pourrait d'ailleurs expliquer l'interprétation donnée à la «*boussole*» (Pirovano, 1997, p. 189) de l'intérêt social en droit des sociétés. Pareil standard dépend en effet des scènes de son invocation, essentiellement des litiges entre sociétés, associés, dirigeants. La protection de l'emploi n'y est que rarement discutée.

Le régime de la sanction est également symptomatique d'un cloisonnement des espaces de légalité. Par exemple, la violation d'une règle du droit du travail par une délibération d'une assemblée générale des associés, n'entache pas la validité de cet acte au regard du droit commercial[14]. Gérard Lyon-Caen mettait en garde, dès 1983, contre tout cloisonnement des deux branches du droit: «*si l'on sépare le territoire des deux Droits, on est nécessairement conduit à cette conséquence que la méconnaissance d'une obligation imposée par le Droit du travail est sans influence sur la validité d'une opération du Droit commercial*» (Gérard Lyon-Caen, 1983, p. 301).

Partant, le gouvernement sociétaire de l'entreprise produit un décalage entre la société, sphère d'institution et de contrôle du pouvoir d'une part, et l'entreprise, sphère d'exercice du pouvoir et de diffusion de ses effets d'autre part.

Le gouvernement de l'entreprise hors de la société

Le rôle joué par le droit, et en particulier le droit des sociétés, dans la configuration de l'entreprise ne se limite pas à fournir à l'entreprise une architecture. Il permet l'exercice de pouvoirs qui ne sont pas toujours logés au sein de la société et de ses organes.

Il est vrai que la société permet la disparition juridique d'une figure, celle du chef d'entreprise. Serait-ce le président, le ou les directeurs généraux, les administrateurs? Ou s'agit-il de l'associé majoritaire voire unique? Plus qu'une

13 Par exemple, les salariés demeurent des tiers au contrat de société. Les espaces de contestation judiciaire qui en ressortent sont particulièrement limités. Ainsi, contrairement aux associés, le comité d'entreprise (ou le comité social et économique) n'est pas recevable à se constituer partie civile du chef d'abus de biens sociaux d'un dirigeant de la société employeur Cass. crim. 19 juin 2002, n°01-88248 , *Dr. ouv.* 2002, p. 554, obs. M. Cohen.

14 L'article L. 235-1 du Code de commerce prévoit notamment que «*la nullité d'une société ou d'un acte modifiant les statuts ne peut résulter que d'une disposition expresse du présent livre ou des lois qui régissent la nullité des contrats*». Par exemple, le défaut de convocation des membres du comité social et économique rend-il nulle la délibération du conseil d'administration adoptée en leur absence? La Cour de cassation a jugé, non sans ambiguïté, que juge que «*l'absence des salariés ayant voix consultative, hors toute fraude, n'entache pas de nullité une délibération dont le seul objet était l'exercice d'une action en justice*» (Cass. soc . 26 mai 1998, n°95-15883).

redistribution du pouvoir de direction de l'employeur, la société organise la transformation des formes d'exercice du pouvoir. La création d'une société participe en effet d'un «*processus d'abstraction de l'autorité et du pouvoir*» (Hannoun, 2011), processus qui éloigne le pouvoir de la sphère des rapports de travail.

Par le jeu de prérogatives, la société permet de modeler l'organisation juridique de l'entreprise de l'employeur et, partant, d'affecter la situation des salariés. Il en est ainsi, par exemple, du choix de la forme sociale de l'employeur. Le choix d'une société par actions simplifiée plutôt qu'une société anonyme, permet d'écarter la constitution d'un conseil d'administration ou de surveillance, ce qui fait notamment échec au droit des représentants du personnel d'assister aux séances du conseil, d'émettre des vœux et de disposer des mêmes documents que ceux adressés aux membres du conseil[15]. De même, quel est ce pouvoir qui, dans les organisations pluri-sociétaires telles que les groupes de sociétés, permet de tracer les contours juridiques d'une activité, de répartir des activités, des ressources et des responsabilités entre des personnes morales distinctes ? L'entreprise est parfois transformée en portefeuille d'actifs répartis entre des sociétés qui sont autant de centres distincts de coûts, de profits et de risques. À cet «*éclatement de l'entreprise*» (Henriet, 1998; Jeantin, 1981) s'ajoute sa dématérialisation permise par la société qui peut non seulement représenter les valeurs qu'elle mobilise mais aussi en assurer la circulation et la liquidation (Hannoun, 2010).

Distinct du pouvoir de l'employeur et logé en dehors de la société, surplombant ainsi l'organisation et, parfois même, les ordres juridiques étatiques (A. Lyon-Caen, Robé, & Vernac, 2016; Robé, 1999; Robé, Lyon-Caen, & Vernac, 2017), ce pouvoir d'organisation résulte de dispositifs qui ne le visent pas expressément mais en permettent l'exercice. La libération de ce pouvoir, dont le régime de responsabilité reste encore à inventer a, sans nul doute, concouru à déformer l'entreprise.

En définitive, «*le droit du travail s'essouffle à courir après celui des sociétés*» (G. Lyon-Caen, 2002) : ces propos, ici encore précurseurs, de Gérard Lyon-Caen résonnent comme un programme de travail, invitant à repenser les liens entre le droit du travail et le droit des sociétés. Pour cela, ne faut-il pas faire de l'entreprise le fondement même d'une réforme du gouvernement des sociétés ?

2. Le gouvernement de la société par l'entreprise

Replacer l'entreprise au cœur du gouvernement de la société pourrait rendre les liaisons moins corrosives entre entreprise et société. Le rapport Notat-Senard comporte, dans son diagnostic et dans ses propositions, des pistes intéressantes de réflexion pour un gouvernement de l'entreprise en société.

15 Articles L. 2312-72 et s. du Code du travail.

L'entreprise, justification de la société

Inscrite en tête des préconisations du rapport Notat-Senard, la modification de l'article 1833 du Code civil mérite examen. Au fil des échanges et débats publics – parlementaires, académiques, syndicaux, associatifs, etc. – ce texte a concentré toutes les attentions[16]. Le rapport propose de maintenir le texte en l'état, en lui ajoutant un second alinéa selon lequel «*la société doit être gérée dans son intérêt propre, en considérant les enjeux sociaux et environnementaux de son activité*». La modestie de la proposition est assumée[17]. Le maintien de la référence à l'intérêt commun des associés dans un premier alinéa, est néanmoins ambigu. En effet, si l'on souhaite ériger l'intérêt propre de la société ou l'intérêt de l'entreprise en norme de gestion de la société, il serait pertinent de l'appliquer également aux rapports entre associés, en lieu et place du standard de l'intérêt commun des associés.

Le rapport propose l'adoption d'une nouvelle notion juridique: la «*raison d'être*» de l'entreprise. Celle-ci serait «*non réductible au profit*» et «*se définit comme ce qui est indispensable pour remplir l'objet social, c'est-à-dire le champ des activités de l'entreprise*». Déclinant ce concept dans le code de commerce, le rapport propose notamment pour les sociétés anonymes, de modifier l'article L. 225-35 du Code de commerce en prévoyant que «*le conseil d'administration détermine les orientations de l'activité de la société en référence à la raison d'être de l'entreprise, et veille à leur mise en oeuvre, conformément à l'article 1833 du Code civil*». De même, cette raison d'être pourrait être inscrite dans les statuts, pour les entreprises souhaitant s'engager dans la poursuite d'une mission[18]. Rapporté à la société, le terme de raison d'être, s'il devait être retenu, pourrait être fécond. Car la raison d'être de toute société, n'est-ce pas l'entreprise?

Faire de l'entreprise la raison d'être de la société n'emporte pas pour autant une remise en cause du but social. Une clarification terminologique s'impose, éclairée par la théorie aristotélicienne des causes. La raison d'être peut être assimilée à la cause motrice ou efficiente: l'entreprise justifie la société. Elle est le principe ou le mouvement qui lui a donné naissance. La finalité lucrative de la société est sa cause finale. Le but de toute société reste l'enrichissement de ses associés.

16 V. un amendement déposé en 2015 à l'occasion de l'examen parlementaire du projet de loi *Macron* pour la croissance, l'activité et l'égalité des chances économiques, selon lequel la société «*doit être gérée au mieux de son intérêt supérieur, dans le respect de l'intérêt général économique, social et environnemental*» (Voir aussi Clerc, 2018).

17 Selon le rapport Notat-Senard, «*chaque mot proposé a été pensé*» et plus qu'un changement normatif, le texte «*invite à une prise de conscience*» selon les termes du rapport (p. 46).

18 Le rapport propose la modification de l'article 1835 du Code civil précisant que «*L'objet social peut préciser la raison d'être de l'entreprise constituée.*». Sur les entreprises à mission, cf. (Levillain, 2017; Segrestin, Levillain, Vernac, & Hatchuel, 2015).

Quel que soit le sort réservé à cette nouvelle notion, l'entreprise devrait être la raison d'être de toute société. La création de sociétés sans entreprise, dépourvues d'activité et vouées à des objectifs exclusivement patrimoniaux[19], fiscaux, ou dédiées au cloisonnement des responsabilités juridiques, doit-elle encore être admise ? La liberté d'entreprendre ne pourrait en justifier le maintien.

Il est difficile, sinon impossible, de prédire les effets d'une modification de l'article 1833 du Code civil. L'usage du standard de l'intérêt social pourrait être étendu au-delà de ses territoires habituels. De plus, si l'entreprise devient une justification de la société, l'intérêt social pourrait être assimilé à l'intérêt de l'entreprise. Ce standard qui se propage en droit du travail, pourrait alors se diffuser en droit des sociétés. Voilà qui pourrait relancer d'anciennes réflexions, celles avancées par la doctrine de l'entreprise (Champaud, 1962; Contin, 1975; Paillusseau, 1967), et de redoutables critiques dénonçant ses «*séductions*» et ses «*illusions*» (Gérard Lyon-Caen & Lyon-Caen, 1978). Ce standard pourrait cependant trouver sa place, en dehors d'une croyance en une harmonie des intérêts, si l'on admet que le «commun» que met en jeux l'entreprise, vise moins une communion d'intérêts portant sur l'existant, qu'un projet collectif à construire, un «futur commun» (Segrestin, 2015).

Par ailleurs, dans l'ordre symbolique et politique, un nouvel article 1833 du code civil permettrait de transformer les représentations, et pourrait offrir un précieux point d'appui, le fondement en quelques sortes de futures évolutions normatives. En particulier, une réforme de l'entreprise ne pourrait faire l'économie d'une réflexion relative au statut du dirigeant, afin de faire du dirigeant de société un dirigeant de l'entreprise. Ne faut-il pas en particulier repenser le régime de sa désignation et de sa révocation, en associant les salariés ou leurs représentants à ces décisions ? De même, le régime de la rémunération des dirigeants, en particulier dans les grandes entreprises, pourrait être lié à l'activité de l'entreprise et détaché de critères de performances financières de la société, comme le suggère le rapport[20].

19 Selon Maurice Cozian, la société est en partie une «*technique d'organisation du patrimoine; c'est la formule utilisée lorsque l'on souhaite isoler sur le plan juridique certains éléments de son patrimoine; c'est un moyen de casser le principe de l'unité du patrimoine; tel est notamment l'objet des sociétés civiles immobilières; elles n'ont pas pour vocation de réunir des partenaires désirant travailler ensemble; elles n'exploitent aucune entreprise*», (Cozian, 1994).

20 Le rapport Notat-Senard recommande à cet égard aux praticiens de «*développer les critères RSE dans les rémunérations variables des dirigeants*» (p. 53).

L'imputation des responsabilités de l'entreprise

Le dirigeant ne doit-il pas, à l'instar du gérant d'affaire, apporter à la gestion «*tous les soins d'une personne raisonnable*»[21] ? Gérer une entreprise suppose de prêter attention aux conséquences de ses décisions. Le rapport propose timidement d'insérer, dans l'article 1833, une obligation de gérer la société «*en considérant les enjeux sociaux et environnementaux de son activité*». «Considérer» n'obligerait pas à prendre «en compte» et se limiterait, selon le rapport, à «*examiner avec une grande attention*», dans le cadre d'une «*obligation de moyen*». La formulation issue de l'article 1er d'une proposition de loi[22], peut lui être préférée: «*La société est gérée conformément à l'intérêt de l'entreprise, en tenant compte des conséquences économiques, sociales et environnementales de son activité*».

L'obligation de prévoyance, qu'évoquait déjà Henri Fayol en 1898[23], est au cœur de la gestion d'une entreprise: le défi consiste à faire advenir de nouveaux futurs, en engageant une collectivité dans l'inconnu tout en se prémunissant contre les dangers connus (Hatchuel, 2016). Par essence réflexive, la gestion requiert du gérant qu'il intègre dans son plan d'actions, les conséquences prévisibles de ses décisions. L'obligation d'élaborer un plan de vigilance posée par la loi n°2017-399 du 27 mars 2017, est l'expression de ce devoir général de prévoyance[24].

Une réécriture de l'article 1833, logé en frontispice du Code civil, pourrait éclairer l'appréciation de la faute de la société, à l'occasion d'une action en responsabilité engagée contre cette dernière. En revanche, la violation de ce texte pourrait-elle caractériser une faute séparable des fonctions d'un dirigeant de nature à engager sa responsabilité civile à l'égard des tiers? Si l'hypothèse ne peut être exclue, elle ne paraît guère attendue, tant la jurisprudence est réticente à étendre cette qualification. Conçu comme un pouvoir de représentation, celui d'agir au nom de la société, le pouvoir des dirigeants n'a pas donné prise à une construction jurisprudentielle satisfaisante d'un régime de responsabilité du dirigeant (Ballot-Léna, 2008; Messaï,

21 Article 1301-1 du Code civil.

22 Proposition de loi n°476, *Entreprise nouvelle et nouvelles gouvernances*, enregistrée le 6 décembre 2017.

23 Selon Henri Fayol, la prévoyance suppose un ensemble d'opérations administratives, notamment une documentation extérieure et intérieure, des programmes d'actions, des liaisons avec les laboratoires scientifiques, un service de perfectionnement, etc. (Fayol, 1898, 1917). Voir en particulier (Hatchuel, 2016).

24 V. déjà la section 172 du *Company Act* anglais, qui codifie depuis 2006 les devoirs du dirigeant (*fiduciary duties*). Parmi les nombreuses précautions imposées au dirigeant, celui ci doit prendre en compte «*les conséquences probables de sa décision sur le long terme; b) les intérêts des salariés de la société*» (Leader & Lokiec, 2008).

2005), en particulier à l'égard des tiers[25]. Pourtant, le droit de la responsabilité civile des dirigeants comporte une indéniable «*fonction normative*» (Didier, 2003), concourant à élaborer des obligations à l'égard des dirigeants et des sociétés. Des règles spéciales de responsabilité des dirigeants existent, notamment dans le droit des entreprises en difficulté ou dans le droit fiscal. Ne faudrait-il pas songer à prévoir des régimes de responsabilité spéciaux de responsabilité des dirigeants par exemple, à l'instar de l'hypothèse visée par la loi relative au devoir de vigilance, en cas d'«*atteintes graves envers les droits humains et les libertés fondamentales, la santé et la sécurité des personnes ainsi que l'environnement*»[26] ? Ne faudrait-il pas aussi songer à un statut juridique des dirigeants de groupes de sociétés ?

Enfin, aux côtés de la responsabilité de la société et de ses dirigeants, il devient urgent de repenser les mécanismes permettant d'imputer des responsabilités à ceux qui organisent l'entreprise (Peskine, 2012; Peskine & Vernac, 2015). La création prétorienne du coemploi témoigne de cette nécessité. Le repli que marquent les arrêts rendus par la Cour de cassation pourrait être interprété moins comme une légitimation du pouvoir que comme une invitation à le considérer indépendamment de la qualification d'employeur. Le régime de responsabilité dans l'entreprise pluri-sociétaire, qui se développe aujourd'hui sur le fondement de la responsabilité civile extracontractuelle, reste à inventer.

De nouvelles règles de délibération

L'émergence d'un droit de l'entreprise suppose que soit, sans cesse, remise en cause la «*césure que le droit maintient entre l'organisation du capital et le domaine d'action reconnu aux travailleurs*» (A. Lyon-Caen, 2004). Combler cet espace manquant pourrait consister à organiser des espaces de délibération, des procédures permettant la composition des intérêts. Pour cela, le rapport Notat-Senard relève très justement que les salariés doivent être «*reconnus comme partie constituante de l'entreprise, car ils investissent dans l'entreprise par leur travail et subissent les risques de son activité*» (Notat & Senard, 2018)[27].

Pour que cela ne soit pas un simple changement de vocable, une première voie est explorée, visant à renforcer la participation des salariés dans les organes

25 Très tôt, la Cour de cassation, à l'occasion du scandale financier relatif aux sociétés des Frères Pereire, avait considéré que les administrateurs d'une société anonyme étaient responsables des fautes commises dans leurs fonctions, «*fût-ce avant l'achat des actions*». *V. Cass. civ. 11 novembre 1873, Rec. Dalloz Sirey 1874*, p. 97.

26 Cf. article L. 224-102-4 du Code de commerce.

27 Pour une analyse des sources de ce terme, cf. (Clerc, 2018).

d'administration ou de surveillance des sociétés. Le rapport[28] ainsi que la proposition de loi «*Entreprise nouvelle et nouvelles gouvernances*»[29], proposent de renforcer le nombre des administrateurs représentant les salariés dans les conseils d'administration ou de surveillance des entreprises. D'ailleurs, pour assurer l'effectivité de la règle de représentation des salariés dans les conseils, ces deux propositions tiennent compte de la capacité pour une société par actions simplifiée de se priver de conseil d'administration ou de surveillance. Elles prévoient ainsi l'obligation pour ces sociétés de se doter d'un conseil d'administration lorsqu'un seuil d'effectif est dépassé[30]. Ces propositions démontrent qu'une idée fait son chemin: la codétermination peut être pensée comme «*la forme normale du gouvernement d'entreprise*» (Favereau, 2018).

Mais d'autres voies pourraient être poursuivies. Les objets de la négociation collective pourraient être enrichis afin d'atteindre l'organisation de la société. Par exemple, l'obligation, devenue simple faculté, de prévoir dans un accord de performance collective les conditions dans lesquelles les dirigeants et les actionnaires «*fournissent des efforts proportionnés à ceux demandés aux salariés pendant toute sa durée*» était une idée intéressante, suggérant une négociation collective sur les dividendes distribués aux actionnaires et les rémunérations versées aux dirigeants, du moins en temps de crise, dans le respect des prérogatives du conseil d'administration ou de surveillance[31].

Les prérogatives du comité social et économique, notamment en lien avec les organes de la société, pourraient aussi être renforcées. Des traces de précédentes réformes subsistent dans le code du travail, notamment le droit pour le comité social et économique de procéder à l'audition de l'auteur d'une offre publique d'acquisition et, en cas de refus de ce dernier, la paralysie des droits de vote attachés aux titres de la société faisant l'objet de l'offre[32]. De nouveaux mécanismes pourraient être imaginés sur ce modèle. Sans doute le conseil

28 «*Recommandation 6. Renforcer le nombre des administrateurs salaries dans les conseils d'administration ou de surveillance de plus de 1000 salaries partir de 2019, à deux salaries à partir de 8 administrateurs non-salariés et trois salariés à partir de 13 administrateurs non-salariés*» (Rapport, p. 58).

29 La proposition de loi n°476, «*Entreprise nouvelle et nouvelles gouvernances,*» prévoit de fixer le nombre d'administrateurs représentants les salariés «à *deux quand le nombre de salariés visés au I est compris entre 500 et 1 000, au tiers quand ce nombre est compris entre 1 001 et 5 000 et à la moitié quand ce nombre est supérieur à 5 000*».

30 Le rapport recommande une obligation de mettre en place un conseil pour les SAS de plus de 5000 salariés (Recommandation n°8), tandis que la proposition de loi n°476 prévoit un seuil de 500 salariés (article 2).

31 Article L. 2254-2 du Code du travail.

32 Articles L. 2312-42 et s. du Code du travail.

d'entreprise[33] institué par accord collectif pourrait constituer le cadre d'accueil de ces innovations. Mais ses potentialités restent encore largement virtuelles et contraintes par les règles d'ordre public du droit des sociétés, en particulier celles déterminant les compétences des organes sociaux.

Si la réflexion sur les transformations du gouvernement de l'entreprise en société est engagée, le chemin qui reste à parcourir sera probablement long, sinueux et pentu[34]. Déplaçant le regard hors de France, l'observateur découvrira pourtant bien d'autres modèles, associant les travailleurs au fonctionnement des sociétés. Une réforme de l'entreprise ne pourrait-elle pas aussi provenir d'une reformulation du modèle social européen (Beffa & Clerc, 2013; Kluge & Stollt, 2009) ?

Références

Ballot-Léna, A. (2008). *La responsabilité civile en droit des affaires*. Paris : LGDL.

Beffa, J.-L., & Clerc, C. (2013). Les chances d'une codétermination à la française. *Centre Cournot, Prisme, 26*.

Catala, N. (1980). L'Entreprise, In G.H. Carnerlynck (dir.), *Traité de droit du travail* (tome IV). Dalloz.

Champaud, C. (1962). *Le pouvoir de concentration de la société par actions*, Paris : Sirey.

Clerc, C. (2018). Sur la réforme de l'entreprise: l'objet social, objet de réforme sociale. *Revue de droit du travail*, (2), 107-119.

Contin, R. (1975). *Le contrôle de la gestion des sociétés anonymes*. Librairies techniques.

Cozian, M. (1994). Du bon usage des sociétés civiles immobilières. *Dalloz, 26*, 199-205.

Despax, M. (1957). *L'entreprise et le droit*. Paris : Librairie générale de droit et de jurisprudence.

Didier, P. (2003). Les fonctions de la responsabilité civile des dirigeants sociaux. *Revue des sociétés*, 238.

Favereau, O. (2014). *Entreprises: la grande déformation*. Paris : Eyrolles.

33 Article L. 2321-1 et s. du Code du travail.

34 L'article L. 2315-80 du Code du travail, qui crée un financement partiel de l'expert-comptable par le comité social et économique pour la consultation sur les orientations stratégiques de l'entreprise, en offre une regrettable illustration.

Favereau, O. (Éd.). (2018). *Traité de la codétermination* (A paraître).

Fayol, H. (1898). Prévoyance : utilité et nécessité d'un programme. *Archives du Centre d'histoire de l'Europe du* XX*e siècle.*

Fayol, H. (1917). *Administration Industrielle et Générale.* Paris : Dunod et Pinat.

Hannoun, C. (1991). *Le droit et les groupes de sociétés.* Librairie Générale de droit et de jurisprudence.

Hannoun, C. (2010). *La dématérialisation de l'entreprise. Essai sur les dimensions immatérielles de l'entreprise.* Paris: L'Harmattan.

Hannoun, C. (2011, octobre 10). Gouvernance des entreprises et direction du salarié. *SSL, Suppl.*, (1508).

Hatchuel, A. (2016). Henri Fayol et la théorie du chef d'entreprise: une nouvelle figure de l'autorité au tournant du XXe siècle. *Entreprises et histoire*, (2), 108-120.

Hatchuel, A., & Segrestin, B. (2007). La société contre l'entreprise? Vers une norme d'entreprise à progrès collectif. *Droit et société*, (1), 27-40.

Henriet, B. (1998). Entreprise éclatée et gestion du travail. Nouvelles configurations et pertinence de la gestion des ressources humaines. In A. Supiot, *Le travail en perspectives* (p. 199-214), Paris : LGDJ.

Jeammaud, A., Kirat, T., & Villeval, M.-C. (1996). Les règles juridiques. L'entreprise et son institutionnalisation: au croisement de l'economie et du droit. *Revue internationale de droit économique*, *10*, 99-142.

Jeammaud, A., Le Friant, M., & Lyon-Caen, A. (1998). L'ordonnancement des relations de travail. *Recueil Dalloz*, 359-368.

Jeantin, M. (1981). L'entreprise éclatée: intérêts d'une aproche commercialiste du problème. *Droit Ouvrier, mars-avril*, 127.

Kluge, N., & Stollt, M. (2009). Administrateurs salariés et la gouvernement d'entreprise un élément clef du modèle social européen. In A. Conchon & M. N. Auberger (Éd.), *Les administrateurs salariés et la gouvernance d'entreprise* (p. 81-91).

Leader, S., & Lokiec, P. (2008). Gouvernement d'entreprise et droits des salariés: l'apport du « Companies Act » (2006). *Revue de droit du travail*, (3), 201-203.

Baudoin, Roger (dir.). (2012). *L'entreprise: formes de la propriété et responsabilité sociale*. Paris : Lethielleux.

Léon, M., Lellouche, F., & Durlach, É. (2018). Repenser l'entreprise. *Revue de droit du travail*, (1), 21-30.

Levillain, K. (2017). *Les entreprises à mission : un modèle de gouvernance pour l'innovation*. Paris : Vuibert.

Lyon-Caen, A. (2004). Le comité d'entreprise et les restructurations. *Droit social*, (3), 285-289.

Lyon-Caen, A. (2013). Le droit sans l'entreprise. *Revue de droit du travail*, (12), 748-760.

Lyon-Caen, A. (2018, mars). *Entreprise et droit, nouvelles questions, nouvelles perspectives.* Présenté à Association Française du Droit du Travail, Collège des Bernardins.

Lyon-Caen, A., Robé, J.-P., & Vernac, S. (2016). *Multinationals and the Constitutionalization of the World Power System*. Routledge.

Lyon-Caen, G. (2002). Que sait-on de plus sur l'entreprise ?, in *Mélanges dédiés au Président Michel Despax*, Presses Universitaires des Sciences Sociales de Toulouse, 2002, p.33.

Lyon-Caen, Gérard. (1983). La concentration du capital et le droit du travail. *Droit social*, (5), 302.

Lyon-Caen, Gérard, & Lyon-Caen, A. (1978). La doctrine de l'entreprise. In *Dix ans de droit de l'entreprise.* (Bibliothèque de droit de l'entreprise, Vol. 7, p. 599-621). Paris: LITEC.

Messaï, S. (2005). *La responsabilité civile des dirigeants sociaux* (Doctorat). Université Paris I Panthéon-Sorbonne.

Notat, N., & Senard, J. D. (2018). *L'entreprise, objet d'intérêt collectif.* Rapport aux Ministres de la Transition écologique et solidaire, de la Justice, de l'Economie et des Finances, du Travail. La Documentation Française. Consulté à l'adresse http://www.ladocumentationfrancaise.fr/rapports-publics/184000133-l-entreprise-objet-d-interet-collectif

Paillusseau, J. (1967). *La société anonyme: technique d'organisation de l'entreprise*. Paris : Sirey.

Peskine, E. (2008). *Réseaux d'entreprises et droit du travail* (Doctorat). Université Paris Ouest Nanterre La Défense.

Peskine, E. (2012). L'imputation en droit du travail: À propos de la responsabilité des sociétés mères en matière de licenciement pour motif économique. *Revue de droit du travail*, (6), 347-355.

Peskine, E., & Vernac, S. (2015). Pouvoirs et responsabilités dans les organisations multi-sociétaires. In G. Borenfreund & E. Peskine (Éd.), *Licenciements économiques et restructurations, vers une redistribution des responsabilités* (p. 119). Dalloz.

Pirovano, A. (1997). La boussole de la société. Intérêt commun, intérêt social, intérêt de l'entreprise. *Le Dalloz*, *24*, 189-196.

Rapport de recherche pour la Direction de l'Animation des Etudes et des Statistiques du Ministre du Travail, du Dialogue social et de la Participation. (1996). *Entreprise, Institution et Société*. Maison Rhône-Alpes des Sciences de l'homme.

Ripert, G. (1951). *Aspects juridiques du capitalisme moderne*. Paris : Librarie générale de droit et de jurisprudence.

Robé, J.-P. (1999). *L'entreprise et le droit*. Presses Universitaires de France.

Robé, J.-P., Lyon-Caen, A., & Vernac, S. (2017). Entreprises multinationales et constitutionnalisation du système mondial de pouvoirs privés. *Revue de droit du travail*, (1), 34-39.

Rosanvallon, P. (2015). *Le bon gouvernement*. Paris : Seuil.

Segrestin, B. (2015a). Réconcilier entreprise et société, Enjeux et principes d'une SOSE. In B. Segrestin, K. Levillain, A. Hatchuel, & S. Vernac (Éd.), *La « Société à objet social étendu », Un nouveau statut pour l'entreprise*. Paris: Presses des Mines.

Segrestin, B. (2015b). Subordonner le travail ou l'ordonner à un futur commun? *Revue française de socio-Economie*, (2), 73-88.

Segrestin, B., Levillain, K., Vernac, S., & Hatchuel, A. (2015). *La « Société à Objet Social Etendu » : un nouveau statut pour l'entreprise*. Paris: Presses des Mines.

Supiot, A. (1985). Groupes de sociétés et paradigme de l'entreprise.

Vatinet, R. (2000). La société anonyme et ses salariés. Essai de problématique. *Revue des sociétés*, *1*, 161-168.

Vernac, S. (2012). *Le pouvoir d'organisation: au croisement du droit du travail et du droit des sociétés* (Doctorat). Université Paris Ouest Nanterre La Défense.

PARTIE II - NORMES DE GESTION ET NOUVEAUX MODÈLES DU CONTRÔLE

Chapitre 3

L'entreprise à l'épreuve de l'industrialisation de son actionnariat

Rachelle Belinga

MINES ParisTech, Université PSL
CGS - i^{3} UMR CNRS 9217

Hervé Guez

Directeur des gestions et de la recherche, MIROVA

Résumé

Depuis les années 1980, les investisseurs institutionnels ont acquis des parts considérables dans le capital des entreprises. Si pour certains, la transformation de l'actionnariat des entreprises à la faveur de ces acteurs de la finance moderne signe une financiarisation de l'entreprise (Auvray, Dallery, & Rigot, 2016), nous nous proposons de compléter cette première observation au travers d'une analyse de l'écosystème de ces investisseurs institutionnels. Notre analyse révèle un phénomène jusqu'ici peu décrit d'industrialisation de l'actionnariat. Jusqu'à présent l'actionnariat des sociétés était classiquement représenté par la figure de l'actionnaire individuel. Or l'intermédiation financière qu'organisent les investisseurs institutionnels s'accompagne d'une spécialisation de l'actionnariat. Dans la chaîne d'intermédiation actionnariale, l'industrie de la gestion d'actifs assume désormais les fonctions traditionnelles de l'actionnaire que sont l'investissement et le contrôle de la société. Cependant, la professionnalisation du métier de gérant d'actifs focalisée sur l'investissement a détourné de nombreux gérants de la fonction de contrôle, souvent abandonnée à des agences de conseil en vote non réglementées ou à des fonds à l'activisme agressif et court-termiste. Nous concluons sur le paradoxe d'un actionnaire aujourd'hui distancié de l'entreprise et qui exerce pourtant une influence à forte portée prescriptive sur l'entreprise. L'industrialisation de l'actionnariat déstabilise ainsi la représentation juridique de la société d'actionnaires et révèle les défaillances voire l'obsolescence des régimes de responsabilité actuels de l'actionnaire.

Introduction

Dans les dernières décennies, l'entreprise et sa gouvernance ont connu de profondes et nombreuses transformations. Parmi elles, la vague de libéralisation sur les marchés financiers a été un phénomène beaucoup discuté. La transformation de l'actionnariat des sociétés, en revanche, demeure encore trop méconnue.

L'émergence des investisseurs institutionnels est un événement majeur de la finance moderne. Les investisseurs institutionnels sont des intermédiaires financiers qui investissent des capitaux pour le compte de leurs clients et/ou de leurs souscripteurs. Au sens large, il s'agit de fonds de pension, de fonds souverains, de compagnies d'assurance, de sociétés de gestion d'actifs, de banques ou encore de *hedge funds* et de tout autre professionnel de l'investissement (Parachkévova, 2015). Ces investisseurs professionnels porteraient une grande part de responsabilité dans l'importation des logiques financières au sein des entreprises (Auvray et al., 2016).

Mais au-delà de la financiarisation des attentes en matière de bonne gestion des entreprises, cette transformation du capital des sociétés opère un renversement de la figure classique de l'associé et de ses pratiques. Les conséquences pour le gouvernement d'entreprise vont au-delà d'une redéfinition des critères de performance. Ces investisseurs-actionnaires portent un regard sur l'entreprise bien différent de celui de l'associé classique. Leurs attentes peuvent effectivement être exclusivement financières, mais aussi, comme nous allons le voir, et de manière contre-intuitive, contraires à l'intérêt économique et financier de l'entreprise. Ces actionnaires ont des pratiques de vote en assemblée générale spécifiques mais aussi des pratiques d'engagement avec les entreprises tout aussi particulières qui ont restructuré le paysage de la gouvernance. Le terme d' « engagement » est à ce titre intéressant. Anglicisme employé par les investisseurs et repris par le législateur[1], il désigne la manière dont les actionnaires interagissent avec l'entreprise et dont ils assurent une part de contrôle – appelé « *monitoring* » – des entreprises. L'investisseur-actionnaire ne contrôle pas plus un conseil d'administration que sa direction, il « s'engage » avec le « *management* ». Les pratiques de ces actionnaires se sont donc recomposées au gré de nouvelles logiques et de nouvelles expertises. La réforme de la *corporate governance* ne peut donc plus aujourd'hui faire l'économie d'une discussion des effets de ces transformations sur le cadre-même ainsi que les objets et sujets du gouvernement d'entreprise.

1 Voir à ce titre la Directive Européenne 2017/ 828 portant sur « L'engagement à long-terme des actionnaires ».

La figure transformée de l'actionnaire et de ses pratiques renouvelle profondément la rationalité qui sous-tendait la définition juridique de l'association. Aussi, dans le présent chapitre, nous soutiendrons que la mutation de ses parties elles-mêmes déstabilise le cadre juridique de la société d'actionnaires. Nous nous efforcerons ainsi d'exposer le nouveau régime d'activité des actionnaires afin d'en dégager les implications pour la société et pour l'entreprise.

Nous décrirons dans une première partie un phénomène d'industrialisation de l'actionnariat, en montrant comment l'actionnaire s'est progressivement scindé en une série d'acteurs spécialisés, puis professionnalisé mais aussi désengagé de l'entreprise. Dans une seconde partie, nous défendrons que l'industrialisation des actionnaires renouvelle également les défis liés au gouvernement d'entreprise et au rôle que tiennent les investisseurs institutionnels en la matière. Nous évoquerons alors les cadres en présence qui permettent de poser de premiers jalons en vue d'une « responsabilisation » des actionnaires.

Précisions méthodologiques

L'analyse que nous présentons ici s'inscrit dans des travaux menés sur le gouvernement d'entreprise à l'École des Mines ParisTech en partenariat avec Mirova, société de gestion d'actifs spécialisée dans l'investissement socialement responsable. Dans le cadre d'une thèse de doctorat en préparation sur la nature de la responsabilité de l'actionnaire, nous avons mené une analyse étroite de ce qu'est un actionnaire, ses contraintes, sa puissance d'agir et ses pratiques (Belinga, thèse en cours, 2018). Nous nous sommes ainsi attachés à rassembler différents éléments empiriques afin de caractériser le régime d'activité de l'actionnaire.

Nous avons cherché tout d'abord à caractériser l'écosystème dans lequel évoluent aujourd'hui les actionnaires. Pour cela, nous nous sommes entretenus avec des experts et praticiens de longue date de la gouvernance d'entreprise tels que Colette Neuville, présidente de l'Association de Défense des Actionnaires Minoritaires, et Pierre-Henri Leroy, président de Proxinvest, agence de conseil en vote. Nous avons également rassemblé les nombreux rapports et études produits par l'OCDE, l'Autorité des Marchés Financiers (AMF), l'Association des Fonds et de la Gestion d'Actifs Européens (EFAMA), l'Association Française de la Gestion Financière (AFG) et d'autres, sur le capital des entreprises et les pratiques de marché. Nous avons également procédé à une analyse de l'actionnariat des sociétés du CAC40 à partir d'informations disponibles sur la plateforme Bloomberg, service dédié à l'information financière.

Par ailleurs, afin de définir le cadre d'action de ces multiples acteurs, nous avons recensé les différentes contraintes réglementaires en vigueur. Entre hard law et soft law, les lois, régulations et codes de manquent pas et s'intègrent eux-mêmes dans un long historique de débats multidisciplinaires sur le rôle, les droits et devoirs de l'actionnaire.

Enfin, nous nous sommes intéressés aux pratiques de vote mais aussi d'engagement des actionnaires dans une perspective historique. Nous avons distingué les pratiques exclusivement actionnariales des pratiques d'investissement. Comment se comporte un actionnaire une fois qu'il est entré dans le capital d'une société ? Dans la doctrine juridique, la qualité d'associé s'obtient lorsqu'une partie réalise un apport en capital et qu'elle participe à la vie sociale de la société (Viandier, 1978). La loi prévoit d'ailleurs que les actionnaires puissent voter sur des décisions collectives en assemblée générale, rendez-vous annuel entre actionnaires et dirigeants (Code civil, Art. 1844). Nous avons donc réalisé une étude comparative des politiques de vote de différents grands actionnaires pour mieux comprendre à la fois leurs objets de vote et leur rationalité spécifique. Les politiques de vote sont des instruments à destination des investisseurs, pour certains il s'agit même d'une obligation légale. Une politique de vote prend la forme d'un document de nature déclarative quant à leurs attentes en matière de résolutions de vote en assemblée générale. Le vote des actionnaires en assemblée s'est toujours plus apparenté à un droit de véto qu'à une participation réelle à la conduite du gouvernement de l'entreprise. Les politiques de vote permettent donc d'avoir accès aux critères de décision qui président à leurs instructions de vote.

1. La transformation de la figure de l'actionnaire : un phénomène d'industrialisation

L'évolution du capital des entreprises transforme la figure de l'actionnaire. À la représentation classique de l'actionnaire comme petit porteur, se substitue aujourd'hui une chaîne d'intermédiation actionnariale qui s'est professionnalisée autour d'un nouveau métier, celui de gérant d'actifs. En fin de la chaîne d'intermédiation, le gérant d'actifs est un professionnel de la décision d'investissement qui exerce également les prérogatives attachées à la détention d'actions. Ces prérogatives ne l'intéressent cependant que dans la mesure où elles participent d'une stratégie d'investissement précise. Bien que depuis quelques années les sociétés de gestion d'actifs renforcent leurs équipes dédiées à la gouvernance d'entreprise, cet effort reste encore marginal au regard des enjeux actuels. Le vote est souvent perçu comme un coût par les gérants d'actifs qui restent très minoritaire dans le capital des sociétés. Les gérants ont donc tendance à déserter leur rôle d'actionnaire. Spécialisation, professionnalisation et désengagement caractérisent aussi un phénomène que nous appelons l'industrialisation de l'actionnariat des sociétés.

La figure classique de l'actionnaire

Au XIXe siècle, alors que le statut juridique de la société se libéralise au profit du développement des grandes entreprises modernes, le statut d'actionnaire connaît simultanément d'importants développements. Être actionnaire se banalise. Les rapports entre associés d'une part et entre associés et sociétés d'autre part, se juridicisent. Le premier souci du législateur consiste alors à protéger l'épargne. Il perçoit l'épargne comme une contribution essentielle à l'essor des grandes entreprises, qui permet ainsi de financer le développement économique national. Afin de protéger l'épargne, le législateur en protège le «propriétaire» (Ripert, 1951). Progressivement, une figure de l'actionnaire se dessine et s'impose dans les débats juridiques. L'actionnaire devient un petit épargnant. C'est un actionnaire individuel et atomisé au sein du capital des sociétés qui tend ainsi à se disperser. Mais surtout, ce petit actionnaire est un porteur de risque. Il cède une portion de ses économies à la société sans garantie aucune de récupérer cet apport initial. En cas de faillite de la société, les actionnaires sont les «derniers servis». Les théories économiques les ont d'ailleurs représentés comme des «*residual claimants*» (Fama & Jensen, 1983). Les actionnaires n'ont sur l'entreprise que des droits résiduels. La figure de l'actionnaire comme petit porteur de risque est ainsi devenue une représentation partagée, commune à divers champs disciplinaires.

L'une des conséquences directes de cette représentation a été le développement de l'arsenal juridique déployé pour venir au secours de ces petits porteurs. Conforté par les apologies théoriques récentes de la valeur actionnariale, ce développement s'est intensifié dans les dernières décennies. Depuis les années 1970, le nombre de dispositions juridiques qui protègent et étendent les droits des actionnaires est en augmentation (Armour, Deakin, Mollica, & Siems, 2009).

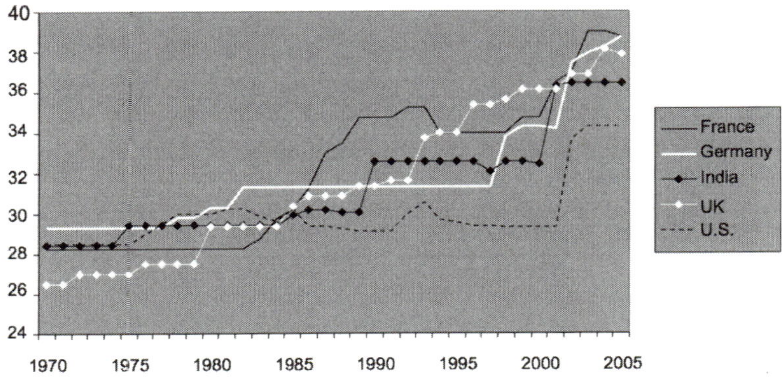

Graphique 1: Évolution des protections et dispositions légales en faveur des actionnaires en France, Allemagne, Inde, Royaume-Uni et États-Unis (Source: Armour et al., 2009)

Aussi partagée soit-elle, cette figure n'en reste pas moins mythique. Déjà aux XIXᵉ et XXᵉ siècles, elle n'était pas totalement fondée. Le monde anglo-saxon a effectivement connu une forme de dispersion de son capital entre les mains de petits porteurs (Berle & Means, 1932; Cheffins & Bank, 2009). Cependant, le capital des sociétés dans d'autres grandes puissances économiques de l'OCDE demeurait relativement concentré entre les mains de grands et puissants acteurs. Les modèles allemand et japonais se sont construits sur un actionnariat avant tout bancaire (Roe, 1993). Dans le modèle français, les participations croisées entre grands groupes industriels permettaient de contrôler le capital d'une large partie des sociétés (Morin & Rigamonti, 2002).

Depuis, le capital des entreprises a évolué et la figure classique de l'actionnaire s'est encore plus éloignée d'un portrait fidèle de l'actionnariat.

Concentration du capital et spécialisation des métiers : naissance d'une chaîne d'intermédiation financière

Depuis la fin des années 1980, de nombreuses études attestent de la montée d'une nouvelle classe d'acteur dans le capital des entreprises, les investisseurs institutionnels (Auvray et al., 2016). Bien que ces sociétés d'investissement doivent respecter des seuils légaux de détention de capital dans une même société (10 % en France, voir Code Monétaire et Financier, art. R214-26), ce sont bien souvent de gros porteurs en nombre limité. Aussi, certains chercheurs parlent-ils d'un phénomène de reconcentration du capital dans le monde anglo-saxon (Davis, 2008). En effet, aux États-Unis, les investisseurs institutionnels concentreraient 70 % de la détention d'actions (Jacobs, 2011). Au Royaume-Uni, les chiffres sont sensiblement similaires, les investisseurs institutionnels détiendraient au moins 67 % des actions (Franks & Mayer, 1997).

Dans les économies à l'actionnariat concentré, les investisseurs institutionnels se sont également de plus en plus invités dans le capital des sociétés, au détriment des ménages dont la part s'est fortement amoindrie. Les actionnaires individuels ne représenteraient aujourd'hui plus que 10 % du capital des grandes sociétés européennes (Davydoff, Fano, & Qin, 2013).

Dans le cas français, la croissance des investissements directs étrangers a fait émerger un modèle de détention du capital bien plus dispersé (Morin, 1998; Morin & Rigamonti, 2002). Le capital des grandes sociétés s'est ouvert aux investisseurs institutionnels étrangers mais aussi à des investisseurs institutionnels français dans un marché de l'investissement en développement.

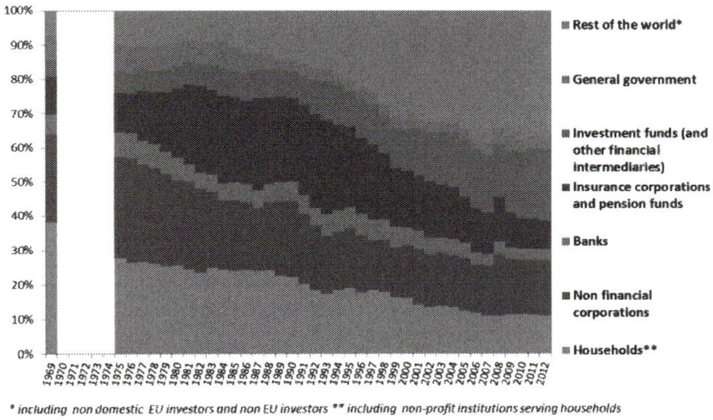

Graphique 2 : Évolution de la structure de l'actionnariat des sociétés cotées de l'Union Européenne (Source : Davydoff et al., 2013)

L'intermédiation financière introduit une rationalité nouvelle du point de vue du cadre normatif de la société. Être actionnaire ne correspond plus à une qualité d'associé mais à une spécialité commerciale. Cette rationalité est d'ailleurs soutenue par le développement de domaines d'activité spécifiques. Nous illustrons dans le schéma suivant ce passage de l'actionnaire individuel à une chaîne d'intermédiation actionnariale.

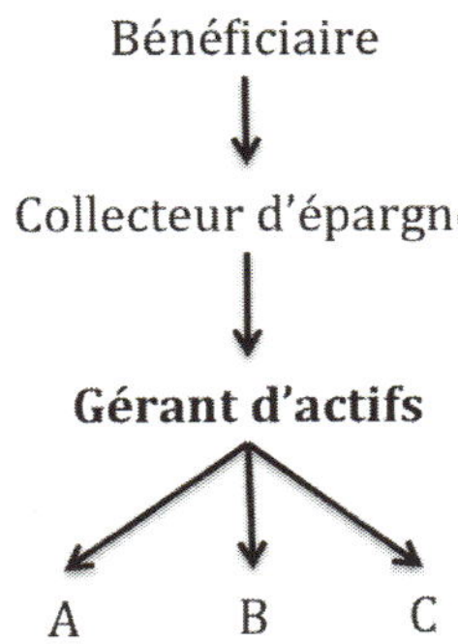

Schéma 1 : La chaîne d'intermédiation actionnariale

Dans ce modèle actionnarial, l'épargnant individuel s'est transformé en bénéficiaire final, acteur silencieux de la chaîne. Le bénéficiaire confie son épargne à un collecteur d'épargne. Le collecteur d'épargne est un investisseur institutionnel au sens strict, il est un intermédiaire direct pour le bénéficiaire. Ce sont bien souvent des fonds de pension, des fonds d'épargne salariale ou encore des compagnies d'assurance telles qu'Axa Investment Managers. Ces collecteurs d'épargne n'investissent pas toujours eux-mêmes dans des actifs et se cantonnent parfois à la fonction de mutualisation des capitaux. Dans ce cas, ils confient la gestion de l'épargne à un second intermédiaire, des sociétés de gestion d'actifs, comme Amundi société de gestion d'actifs née du rapprochement de Crédit Agricole Asset Management et Société Générale Asset Management. Le gérant d'actifs est un expert des fonctions attachées à l'actionnaire. C'est lui qui émet la décision d'investissement, mais aussi de désinvestissement, et qui remplit ensuite le rôle de l'actionnaire dans la gouvernance d'entreprise.

Le marché de la gestion d'actifs pèse aujourd'hui de manière conséquente dans l'économie mondiale. Ainsi un investisseur comme BlackRock, le leader mondial de la gestion d'actifs, gère-t-il, tous produits financiers confondus, plus de 6 000 milliards de dollars d'actifs (Landon, 2018) dont près de 50 % en actions (BlackRock, 2017b). L'industrie de la gestion d'actifs dans son ensemble, dans une tendance haussière, concentrait un peu moins de 70 000 milliards de dollars d'encours en 2016 (Boston Consulting Group, 2017)

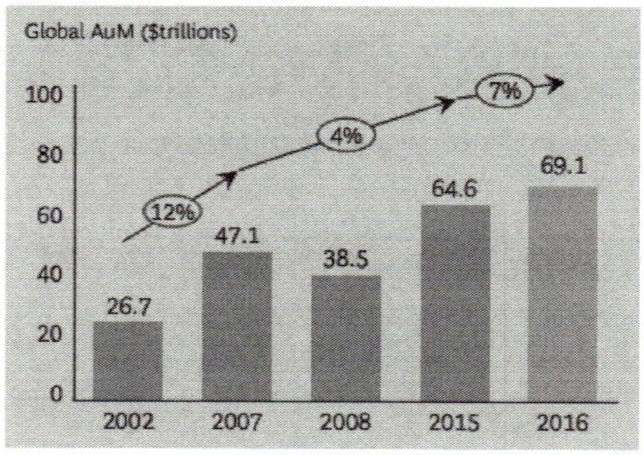

Graphique 3 : Évolution des actions sous gestion dans le monde de 2002 à 2016 (Source : BCG, 2017)

En Europe, l'industrie de la gestion d'actifs est également en croissance et a atteint en 2016 le niveau record de 22 800 milliards d'euros d'actifs sous gestion (Efama, 2017). En 2015, l'investissement en action représentait 32 % de ces volumes (Efama, 2017) soit près de 7 296 milliards d'euros.

La progression des investisseurs institutionnels dans le capital des sociétés a bien transformé la composition du capital des entreprises et donné une nouvelle figure à l'associé. Cependant, au-delà de l'identité des actionnaires, les investisseurs institutionnels sont la manifestation d'un mécanisme d'intermédiation financière qui organise une « division du travail » dans la chaîne actionnariale. Le locus pertinent d'analyse n'est donc pas simplement l'investisseur institutionnel – catégorie quelque peu grossière qui mélange suivant les définitions différents acteurs financiers – mais le gérant d'actifs. C'est au gérant d'actifs que reviennent les « fonctions actionnariales », la puissance d'agir de l'actionnaire.

L'intermédiation financière a favorisé l'émergence d'une industrie de la gestion d'actifs qui pose selon nous la première pierre à l'édifice d'une industrialisation de l'actionnariat. Il nous faut maintenant étudier en quoi consiste la gestion d'actifs.

De nouvelles techniques d'investissement

Si l'intermédiation financière a organisé la spécialisation de la fonction d'actionnaire, elle a également contribué à sa professionnalisation. En effet, le développement de techniques d'investissement, largement partagées et diffusées au sein des investisseurs institutionnels, a créé et professionnalisé le métier de gérant d'actifs.

Dans une approche économique, investir consiste à disposer d'un capital puis à choisir entre différents projets d'entreprises ceux que l'on soutient pour ensuite leur confier une portion de ce capital, moyennant un intéressement aux résultats de ces projets. Le coût économique de l'investissement est d'ailleurs souvent représenté comme un coût d'opportunité. Tout l'enjeu pour un investisseur consiste donc à s'associer au projet d'entreprise le plus rentable. Cela suppose de pouvoir estimer les niveaux de rentabilité et de risque des projets d'entreprise entre lesquels il faut choisir et donc de disposer de suffisamment d'informations sur ces différents projets.

La professionnalisation de l'investissement a renversé cette représentation fondamentale de la décision d'investissement. L'investissement s'est technicisé, voire même mécanisé. L'accès à l'information s'est informatisé. Le risque s'est même assuré. Entre *low cost* et service haut de gamme, la professionnalisation de l'investissement signe enfin l'avènement d'un investisseur-stratège.

Technique de diversification et théorie du portefeuille

En 1952, la toute jeune revue *Journal of Finance* publie un article fondateur pour l'industrie de l'investissement. L'économiste, depuis nobélisé, Harry Markowitz, développe la théorie moderne du portefeuille. Dans cet article, intitulé « Sélection de Portefeuille », Markowitz défend l'idée selon laquelle un investisseur adopte une stratégie efficiente s'il cherche à optimiser un couple rentabilité-risque non pas d'un titre en particulier, non pas d'un projet d'entreprise en particulier, mais d'un portefeuille de titres (Markowitz, 1952). Les investisseurs arbitraient depuis bien longtemps entre risque et rentabilité. Plus un investissement est risqué, plus il est rentable mais plus il est rentable, plus il est risqué. Les investisseurs cherchaient alors à investir de manière équilibrée entre le niveau de risque pris et le niveau de rentabilité espéré. La théorie moderne du portefeuille formalise cependant cette relation et l'applique à l'échelle d'un ensemble d'investissements (Miller, 1999).

Selon Markowitz, un investisseur est rationnel s'il recherche une performance sur l'ensemble de ses investissements. Aussi c'est moins la performance intrinsèque d'un titre qui est dorénavant recherchée mais sa performance relative aux autres titres qui composent le portefeuille de l'investisseur. La rentabilité espérée d'un titre est associée à un niveau de risque. Or le risque d'un titre n'est pas indépendant du risque des autres titres sur un marché. Si le secteur de l'automobile est en berne, cela risque d'affecter aussi bien le constructeur A, que le constructeur B, que le concessionnaire C et le fournisseur D. Le constructeur d'avion E, lui devrait en revanche bien se porter. Or si l'on investit dans A, B, C et D et pas dans E, la rentabilité effective du portefeuille sera plutôt médiocre.

Le portefeuille optimal est alors défini comme celui qui maximise l'espérance de rentabilité du portefeuille mais minimise le risque du portefeuille en réduisant la covariance entre les titres. Sans entrer dans les détails du modèle mathématique, Markowitz expose ici les fondements théoriques de l'idée de diversification des investissements. L'investisseur diversifie son risque en composant des portefeuilles de titres peu corrélés, dont la valeur respective évolue de la façon la plus indépendante possible. Dans ce modèle, le portefeuille de marché, qui reproduit toutes les valeurs présentes sur le marché, est le portefeuille qui permet de se prémunir des risques intrinsèques des titres qui le composent et ne s'expose plus qu'au risque « systémique », au risque du marché lui-même.

L'évaluation de la rentabilité d'une action s'est d'ailleurs construite à partir de ces raisonnements. Le modèle de Markowitz a amené son disciple William F. Sharpe à formaliser en 1964 le Modèle d'Évaluation des Actifs Financiers (MEDAF), enseigné aujourd'hui dans tout cours de finance, et qui définit la rentabilité espérée d'un titre par son risque relatif au risque de marché (Miller, 1999). La prime de risque est ainsi le premier indicateur censé présider à la décision d'investissement.

Cette mathématisation de la décision d'investissement substitue donc à la sélection d'un projet d'entreprise dans un environnement économique, la sélection d'un portefeuille d'entreprise dans un marché financier.

La mécanisation de l'investissement

Les développements théoriques de Markowitz et Sharpe fondent les soubassements intellectuels de l'industrie de la gestion d'actifs, rebaptisée gestion de portefeuilles (Walter, 2005). Ces modèles ont contribué à la diversification des techniques d'investissement. Ils trouvent en particulier une application immédiate dans la gestion passive, qui est aujourd'hui l'une des techniques de gestions d'actifs les plus plébiscitées.

La gestion passive repose principalement sur des méthodes d'investissement dites indicielles. La gestion indicielle reprend les grandes conclusions de la théorie moderne du portefeuille et plutôt que de chercher à investir dans des entreprises pour leurs qualités financières intrinsèques, elle réplique un indice de référence. Investir dans un indice de référence permet d'assurer au fonds indiciel une performance équivalente à celle de l'indice tout en diversifiant son risque entre les différentes valeurs qui constituent l'indice. Puisque le portefeuille optimal est un portefeuille de marché, les gérants de fonds indiciels composent ainsi leur portefeuille à l'image de l'indice en répliquant les valeurs ainsi que les pondérations de ces valeurs dans l'indice. Par exemple, un fonds indexé sur le CAC40 choisit comme ***benchmark*** le CAC40 et donc investit dans l'ensemble des sociétés qui composent le CAC40 proportionnellement à leurs poids respectifs dans l'indice CAC40. Le travail du gérant consiste ensuite à ajuster les variations de poids dans l'indice et les entrées et sorties de l'indice.

Aux fonds indiciels traditionnels se sont ajoutés des véhicules sensiblement similaires, les *Exchange Traded Funds* (ETF). Les ETF sont des fonds indiciels cotés en bourse. Ces fonds simplifient encore plus l'approche indicielle. La cotation permet aux parts du fond d'être négociées et échangées à tout moment. L'information sur la valeur de ces parts est constamment disponible et un unique ordre d'achat et de vente est suffisant pour investir dans l'ensemble de l'indice.

La gestion passive rencontre un succès croissant. En 2003, seulement 9 % de la gestion mondiale d'actifs était passive. Elle est passée en 2016 à 18 % et devrait atteindre 20 % en 2021 (Boston Consulting Group, 2017). La gestion passive présente l'avantage de diminuer sensiblement les coûts de gestion pour le gérant d'actifs et les frais de gestion pour son client tout en garantissant un niveau de rentabilité indexé sur le marché.

Les entreprises qui composent les principaux indices évoluent peu. Les gérants passifs sont donc la plupart du temps des actionnaires de long-terme. Cependant, ce ne sont pas des actionnaires qui ont l'intention de devenir actionnaire d'une entreprise en particulier. La gestion passive mécanise ainsi l'investissement. Elle rend quasi automatique la décision d'investissement, de désinvestissement et les variations de niveaux entre les différents choix d'investissements.

L'informatisation de l'investissement

Si la gestion passive a connu un tel essor, c'est qu'elle a aussi été facilitée par un phénomène non négligeable : le développement des nouvelles technologies de l'information et de la communication. L'informatisation des données financières a transformé les pratiques des investisseurs. Le suivi des portefeuilles a été facilité par l'informatique. Les plateformes de services financiers telles que Bloomberg ou Facset permettent aux gérants d'avoir accès à l'information disponible en temps réel sur tous les titres de l'univers financier.

Les portefeuilles d'actions ont en conséquence sensiblement crû pour un même fonds ou un même investisseur. BlackRock, toujours, regroupe 1232 fonds spécialisés dans l'investissement en actions dont 326 de fonds spécialisés dans la gestion passive[2]. Ces 1232 fonds étaient actionnaires de plus de 17 000 sociétés en 2016 (BlackRock, 2017c).

L'informatisation de l'investissement a ainsi permis une expansion des univers d'investissement pour un même investisseur et l'extension des tailles des portefeuilles.

L'investisseur-stratège

Enfin, comme tout manuel d'introduction à la stratégie pourrait l'indiquer, si une grande partie de la gestion d'actifs opte pour une stratégie de réduction des coûts grâce à la gestion passive et à l'informatisation, une autre voie consiste à se différencier par une montée en gamme des services proposés. Aussi, en parallèle de la gestion passive, une autre technique de gestion d'actifs, la gestion alternative, prospère. Les *hedge funds* en sont le modèle-type. Cette technique de gestion combine des méthodes souvent assez agressives à des pratiques d'investissement parfois complètement abandonnées à la discrétion d'un investisseur-star. Ces investisseurs promettent à leurs clients des performances supérieures à celles du marché en prenant des prises de position parfois osées, qui seraient fondées sur une expertise qui devancerait les prédictions de marché.

Ces investisseurs n'hésitent d'ailleurs pas à optimiser les risques qu'ils prennent en adoptant des positions dites négatives sur les entreprises dont ils sont actionnaires (Anabtawi & Stout, 2008). En effet, le développement des produits financiers permet aujourd'hui de s'assurer contre un risque de défaut et donc de miser sur le risque de défaut d'une entreprise. Ces pratiques découplent l'accès aux prérogatives de l'actionnaire de la prise de risque, et donc l'intérêt économique dans l'entreprise (Hu & Black, 2007).

La gestion alternative constitue aujourd'hui un style de gestion d'actifs prisé. Elle est passée de 9 % de la gestion mondiale d'actifs en 2003 à 15 % en 2016 (Boston Consulting Group, 2017). Cette technique est non seulement en croissance

2 Voir le site de Blackrock (dernière consultation : 25/03/2018) : https://www.blackrock.com/fr/intermediaries/products/product-list#!type=all&tab=overview&view=list

mais c'est aussi l'une des techniques de gestion d'actifs les plus rémunératrices. Puisqu'elle propose des performances supérieures, elle pratique des tarifs également supérieurs pour ces clients. En termes de rentabilité, la gestion alternative générait 28 % des revenus de la gestion mondiale d'actifs en 2003, elle en génère 42 % en 2016 (Boston Consulting Group, 2017).

Ainsi gestion passive et gestion alternative s'imposent-elles. Quant à la gestion d'actifs plus traditionnelle, une gestion active qui ne soit pas alternative, celle-ci recule nettement. Elle ne pèse plus que 29 % de la gestion d'actifs mondiale en 2016 après avoir pesé près de 57 % en 2003 (Boston Consulting Group, 2017). Par ailleurs, il est à craindre qu'une partie de la gestion dite active soit en réalité de la gestion passive déguisée. En effet, l'Autorité Européenne des Marchés Financiers (ESMA) a lancé en 2016 une enquête sur la gestion active qui serait en réalité à des «*closet index funds*»[3]. D'autres techniques, comme le «*smart beta*», brouillent également les frontières entre gestion active et gestion passive. La gestion *smart beta* est une gestion qui s'approche de la gestion indicielle puisqu'elle réplique les valeurs d'un indice mais qui les pondèrent en fonction d'autres critères que la capitalisation boursière. Ainsi l'approche «*value*» de la gestion *smart beta* déclare rééquilibrer le poids de telle ou telle valeur de son portefeuille en fonction de ce qu'elle considèrera être des survalorisations ou des sous-valorisations par le marché. Par exemple, les petites et moyennes sociétés ont des capitalisations par définition inférieures à celles des grosses sociétés mais peuvent parfois être plus rentables. La gestion *smart beta* leur donnera alors un poids plus conséquent. D'autres stratégies peuvent être adoptées, telles que l'approche «*volatility*», qui peut consister à réduire la volatilité du portefeuille. Certaines encore font du *smart beta* multifactoriel et combinent par exemple «*value*» et «*volatility*». Si la gestion active «fondamentale» existe encore, elle s'efface de plus en plus derrière ces diverses techniques de mécanisation voire d'automatisation de l'investissement.

Ces techniques d'investissement recomposent le paysage de l'actionnariat des sociétés. Les motivations des actionnaires pour investir dans une entreprise se sont refaçonnées. Il ne s'agit pas là que d'une logique financière mais aussi d'une logique gestionnaire, de techniques de gestion, propre au métier du gérant d'actifs.

Cependant, cette professionnalisation de l'investissement conduit bon nombre de gérants à ne s'intéresser plus qu'à l'intérêt financier des portefeuilles qu'ils gèrent, parfois au détriment de l'intérêt économique de l'entreprise elle-même et de son bon gouvernement.

3 Voir le site de l'ESMA (dernière consultation 28/03/2018) : https://www.esma.europa.eu/press-news/esma-news/esma-updates-supervisory-work-closet-indexing

Désengagement des actionnaires : le déclin de l'*affectio societatis* ?

La doctrine juridique attache à l'article 1832 du code civil, portant sur la constitution d'une société, la notion d'*affectio societatis*. Cette locution latine désigne l'intention, en tant que démarche affective, qui conduit les futurs associés à s'associer au sein de la société. En 1996, la Cour de Cassation définit l'*affectio societatis* comme « une volonté non équivoque de tous les associés de collaborer ensemble et sur un pied d'égalité à la poursuite de l'œuvre commune » (Arrêté du 9 avril 1996 de la Chambre Commerciale de la Cour de Cassation). Cette notion a longtemps habité les débats juridiques lorsqu'il s'agissait de déterminer si la disparition de l'*affectio societatis* enclenchait par voie de conséquence la disparition de la société.

La société anonyme réalise une première brèche dans l'*affectio societatis* puisqu'il ne s'agit plus d'une société de personnes (Hatchuel & Segrestin, 2007). Dans les sociétés anonymes, les actionnaires peuvent librement entrer et sortir du capital de l'entreprise tout étant protégés par la responsabilité limitée. Ils sont cependant supposés participer à la vie sociale de la société et ils entretiennent avec la direction de l'entreprise des interactions privilégiées. Les assemblées générales sont l'occasion pour les dirigeants de défendre leur stratégie devant les actionnaires qui peuvent alors poser des questions. Ce sont surtout des opportunités de vote sur les décisions importantes qui concernent la société.

L'industrialisation de l'actionnariat effectue une seconde brèche dans ce qu'il restait d'*affectio societatis* dans les sociétés anonymes. Dans leur grande majorité, les gérants d'actifs ont désaffecté l'entreprise.

Cette désaffection tient à plusieurs raisons. Tout d'abord, la durée moyenne de détention des actifs a significativement diminué au cours de la seconde moitié du XXe siècle. En 2015, une action était détenue en moyenne à peine plus de sept mois (Bower & Paine, 2017). Cela peut signifier que le droit de vote en assemblée est attribué à des actionnaires qui, ne l'auront pas été durant l'année qui s'est écoulée ou qui ne le seront plus l'année qui suit. Dans ce cas, l'intérêt que porte le gérant à l'entreprise est relativement limité puisqu'il n'en restera pas longtemps actionnaire. Cela signifie donc que le gérant a le droit de voter sur des décisions qui engagent le futur de la société, sans qu'il ait obligatoirement à les assumer.

Ensuite, nous avons déjà mentionné le fait que les gérants d'actifs pouvaient gérer de très larges portefeuilles d'actions. Assurer le suivi de chaque entreprise dans lesquels les investisseurs détiennent des actions demanderaient ainsi des ressources humaines et matérielles conséquentes. D'autant plus qu'une même société de gestion peut détenir des actions d'une même société via différents fonds. Peu d'investisseurs se révèlent prêts à assurer ce suivi en raison du coût que cela représente.

C'est pourquoi jusqu'aux années 2000, beaucoup d'assemblées générales ont connu des défections, à tel point que certaines n'obtenaient pas toujours de quorum. Le vote devait se tenir en seconde convocation (Belinga & Segrestin, 2018). Les gérants d'actifs qui participaient au vote, avaient quant à eux souvent tendance à voter en faveur des propositions de la direction de l'entreprise. En premier lieu, par souci de simplicité, mais aussi pour des raisons de conflits d'intérêts. En effet, de nombreuses sociétés de gestion d'actifs peuvent avoir des maisons-mères qui entretiennent des liens d'affaires avec les entreprises dans lesquelles le gérant investit (Davis & Kim, 2007). Les sociétés de gestion d'actifs peuvent aussi avoir ou désirer obtenir un mandat de gestion pour compte de tiers de l'épargne salariale de l'entreprise en question. Bien que la plupart des gérants d'actifs respectent les devoirs fiduciaires qui les rattachent aux intérêts de leurs bénéficiaires (dont nous aurons l'occasion de reparler), les sujets de gouvernance et de vote peuvent laisser une large part à la subjectivité et à l'analyse. Aussi, le gérant en situation de conflit d'intérêts pourra privilégier des positions consensuelles.

En France, à l'instar de nombreux pays, le législateur s'est saisi de la question et le vote en assemblée générale est devenu en 2003 une obligation légale pour les investisseurs professionnels, selon le principe du *Comply or Explain* (art. L. 533-22 du Code Monétaire et Financier). S'agissant des conflits d'intérêts potentiels, cette obligation s'est assortie d'une obligation de publication d'une politique de vote afin de rendre plus transparente et automatique les décisions de vote.

Face à ces nouvelles obligations, mais toujours aussi peu enclins à s'engager, les gérants d'actifs ont alors massivement eu recours à des agences de conseil en vote. Ce nouvel intermédiaire s'ajoute à la chaîne d'intermédiation actionnariale. Plutôt que d'assumer eux-mêmes les prérogatives de l'actionnaire, de nombreux gérants ont préféré externaliser ces prérogatives à de nouveaux « spécialistes ». Le marché du conseil en vote est dominé par deux grandes entreprises, ISS et Glass Lewis, avec un net avantage pour ISS, la plus ancienne (Belinfantini, 2009). Ces *proxy advisors* réalisent des économies d'échelle en offrant des services d'analyse et de recommandations en marge des assemblées générales. Ces conseils sont uniformisés et suivent pour la plupart les standards de gouvernance, que ce soient les codes de gouvernance ou les prescriptions théoriques dominantes telles que la théorie de l'agence. Le « *one size fits all* » prévaut. Il nous faut par ailleurs préciser que les agences de conseil en vote sont des acteurs irresponsables juridiquement

La plupart des gérants d'actifs se sont ainsi désengagés de l'entreprise. La fonction de contrôle traditionnellement attribuée aux actionnaires revient souvent à un *proxy advisor* aux pratiques non contrôlées.

Certains gérants conservent certaines prérogatives de l'actionnaire. Cependant, pour beaucoup, ils séparent au sein même de leurs équipes les fonctions d'investissement et les fonctions actionnariales. Le vote est souvent centralisé au sein d'une équipe dédié à la gouvernance. Dans les grandes sociétés de gestion de portefeuille, les gérants qui votent sur les actions dans lesquelles ils investissent se font plus rares. L'activité d'engagement et de vote est découplée dans l'organigramme des sociétés de gestion.

Pratiques pour l'analyse des résolutions et execution des votes
(Plusieurs réponses possibles)

Modalité d'organisation	En % des SGP de l'échantillon	Dont SGP > à 100 assemblées
Collégiale (comité de vote,...)	32%	43%
Individuelle (chaque gérant,...)	55%	43%
Centralisée (Equipe ESG,RCCI...)	34%	48%

Tableau 1 : Organisation du vote au sein des sociétés de gestion de portefeuilles françaises en 2016 (Source : AFG, 2017)

Les équipes en charge de la gouvernance sont souvent réduites et continuent de s'appuyer sur des *proxy advisors*. En France, ces équipes sont composées en moyenne de 2 à 4 personnes (AFG, 2017). Elles concentrent alors l'effort d'engagement sur quelques entreprises « *core* ». Ainsi, Blackrock, qui en 2017 votait à 17 000 assemblées générales pour le compte de 1232 fonds, a une équipe de 30 personnes dédiée à la gouvernance qui se serait activement engagée auprès de 1274 entreprises (BlackRock, 2017c)… Et encore, Blackrock fait figure d'exception même parmi les grandes sociétés de gestion. Amundi qui est le leader de la gestion d'actifs en termes d'encours en Europe, ne compte que 4 personnes dans son équipe « *corporate governance* » (Amundi, 2017) pour voter à près de 2 600 assemblées (Amundi, 2016).

Plus généralement, l'actionnaire est aujourd'hui un acteur distancié de l'entreprise. Nous dirons même qu'ironiquement, il s'anonymise. La Directive Européenne 2017/828 portant sur l'engagement à long-terme des actionnaires encourage d'ailleurs les investisseurs institutionnels à se montrer plus de transparents dans leurs prises de participation en considérant que les entreprises peuvent éprouver aujourd'hui des difficultés à identifier leurs actionnaires (Directive 2017/828, p.1). En effet, si certains statuts de sociétés prévoient des seuils déclaratifs, en France, seuls les actionnaires qui franchissent le seuil de 5 % dans le capital des entreprises, sont tenus de se déclarer officiellement.

**

L'actionnariat des sociétés, les sociétés cotées en tête, s'est donc industrialisé : Des intermédiaires, les gérants d'actifs, rassemblent de larges capitaux qui leurs permettent de mutualiser le risque et de maximiser les opportunités d'investissements dans diverses entreprises. Ces intermédiaires se sont professionnalisés. Et ils se sont spécialisés selon les fonctions de collecte de l'épargne, d'investissement et de vote. Ce sont aujourd'hui des experts des techniques de gestion du risque d'un investissement. Ces différentes techniques ont formé différents styles de gestion de portefeuille d'entreprises qui ont porté les gérants à se désengager des entreprises au profit du seul intérêt financier de leurs portefeuilles. Ils ont ainsi déserté l'entreprise et se sont anonymisés, au profit de *proxy advisors* qui font et défont les orientations de vote des actionnaires selon la tendance en matière de gouvernance des entreprises.

Aussi, l'industrialisation de l'actionnariat bouscule l'identité, les logiques et les pratiques des actionnaires. Elle engendre ainsi des effets imprévus sur la société mais également sur l'entreprise elle-même.

2. Le gérant d'actifs et l'entreprise : des jalons pour une norme de responsabilité ?

Dans la partie précédente, nous avons essayé de démontrer comment la transformation du capital des entreprises bouleverse la représentation classique de l'actionnaire du petit actionnaire, dispersé et porteur de risque. Jusqu'à présent, le gouvernement d'entreprise avait été pensé pour offrir des garanties aux actionnaires sur la manière dont l'entreprise était gérée. En tant qu'apporteur de capitaux, il fallait leur assurer que la direction rende des comptes sur leur action et le bon usage de ces capitaux. L'industrialisation de l'actionnariat opère un retournement radical des relations entre actionnaires et dirigeants, qui appellent à réinterroger les responsabilités propres aux actionnaires, et notamment celles des gérants d'actifs et/ou de ceux qui exercent le vote.

Industrialisation de l'actionnariat et gouvernance : l'entreprise sous pression

Nous l'aurons compris, l'industrialisation de l'actionnariat des entreprises ébranle la représentation de l'idéal-type de l'actionnaire, une figure d'actionnaire qui accompagne et soutient un projet d'entreprise. Cet idéal-type s'incarnait dans la figure classique de l'actionnaire individuel. L'actionnaire comme petit porteur individuel, aussi atomisé fût-il, était censé porter un intérêt réel à l'entreprise, son activité propre et sa soutenabilité.

Il existe encore aujourd'hui des actionnaires que nous nommerons «*firmkeeper*», des actionnaires soucieux de faciliter la bonne gestion des entreprises dans lesquelles ils investissent. Dans les entreprises familiales par exemple, les familles jouent un rôle de compagnon de l'entreprise. C'est parfois aussi le cas de l'État-actionnaire, souvent plus intéressé par le maintien de l'emploi sur son territoire ou le positionnement stratégique d'un champion national, que par les sursauts quotidiens de la valorisation boursière de la société[4]. Certains gérants d'actifs développent bien des méthodes de gestion active fondamentale qui adossent leurs décisions d'investissements sur le plan stratégique de l'entreprise. Cependant, cette figure s'est aujourd'hui raréfiée. L'industrialisation de l'actionnariat et la dépression de la «gestion active fondamentale» ont fait régresser une gestion d'actifs à la fois de long-terme et engagée.

Si on exclut les formes avancées de spéculation, comme le serait le *trading* de haute fréquence, qui associent court-termisme et désengagement, il est possible de regrouper bon nombre de gérants d'actifs en deux catégories. D'un côté, les gérants d'actifs qui sont effectivement orientés long-terme mais qui se sont désengagés de l'entreprise, à l'instar de la gestion passive. De l'autre, les gérants d'actifs qui ne sont pas orientés long-terme et mais qui sont pourtant très engagés, à l'instar d'une partie de la gestion alternative.

Les interactions avec les entreprises sont ainsi souvent délaissées à des acteurs souvent court-termistes. De nombreux *hedge funds* pratiquent un activisme agressif voire prédateur. Certains n'hésitent d'ailleurs pas à pousser certaines décisions à l'encontre de l'intérêt d'une entreprise A justement pour obtenir une position plus favorable sur une entreprise B dans lesquels leurs intérêts sont plus stratégiques (Anabtawi & Stout, 2008). Ce sont des actionnaires qui s'engagent pour faire pression sur l'entreprise plus que pour l'accompagner dans sa gouvernance.

Il pourra être opposé que ni la gestion alternative ni l'activisme agressif ne sont des techniques de gestion majoritaires. Cependant, le désengagement des actionnaires de long-terme ne détermine en rien l'influence qu'ils exercent sur l'entreprise. En effet, par le biais des *proxy advisors* et même de leurs propres politiques de vote, les gérants passifs ont également une capacité de prescription très forte sur les entreprises. Les *proxy advisors* peuvent orienter le vote des actionnaires de manière décisive. Il fut dit par exemple qu'ISS a été à l'origine du concours des actionnaires à la fusion entre HP et Compaq en 2002 (Alexander, Chen, Seppi, & Spatt, 2009). Par ailleurs, des gérants passifs, comme BlackRock dont 63% des activités sont portées par des fonds passifs (BlackRock, 2017a), définissent dans leur politique

4 L'État n'est pas toujours un actionnaire «*firmkeeper*» de l'entreprise. Il peut lui arriver de défendre des intérêts nationaux qui soient contradictoires avec les intérêts de multinationales.

de vote des critères de vote précis, pour la plupart uniformes d'un gérant à l'autre, dont la portée normative oblige bon nombre de direction à adopter ***a minima*** le «langage» de ces actionnaires (Shin & You, 2017).

De surcroît, cette influence s'étend progressivement en raison de l'élargissement des questions soumises au vote et à l'approbation des actionnaires. Pour réformer la gouvernance d'entreprise, le législateur peut adopter différentes stratégies. Soumettre l'entreprise au vote des actionnaires en est une. Aussi, lorsqu'il s'est agi de réformer la rémunération des dirigeants, le gouvernement français a fait le choix en 2016 de rendre le *Say on Pay* obligatoire. S'agissant du *reporting* extra-financier, la loi Grenelle II impose aux entreprises de publier un rapport extra-financier en fonction de critères pré-déterminés. Ce rapport doit ensuite faire l'objet d'une vérification par un organisme tiers, qui doit attester à la fois de la présence des bonnes informations et de leur sincérité. Ces informations sont ensuite intégrées au rapport de gestion qui lui est soumis… au vote des actionnaires. La sanction finale sur ces informations extra-financières est ainsi également dévolue aux actionnaires.

L'actionnaire désengagé exerce ainsi une influence prescriptive. Il fait donc à sa manière également pression sur l'entreprise.

Pendant longtemps, il a été question d'encourager l'actionnariat de long-terme, dans la crainte des effets sur les entreprises des stratégies court-termistes de nombreux actionnaires (Dallas, 2011). Il a aussi été question d'encourager l'engagement des actionnaires, pour parer aux défections des actionnaires passifs. Cependant, c'est plutôt le couple long-terme/engagement qui mériterait notre intérêt. En effet, l'actionnaire de long-terme mais désengagé et l'actionnaire engagé mais de court-terme forment tous deux des actionnaires distanciés de l'entreprise. En tant que produits de l'industrialisation de l'actionnariat, ils ne s'intéressent guère à l'intérêt de l'entreprise comme régime de création collective et pourtant ils bénéficient non seulement de toutes les prérogatives de l'actionnaire mais aussi des nouvelles capacités d'action que lui offre la professionnalisation de son activité.

Les actionnaires d'aujourd'hui sont ainsi devenus en grande majorité des acteurs distants mais paradoxalement très influents.

La responsabilisation des gérants d'actifs : envers qui le gérant d'actifs est-il responsable ?

Les effets sur l'entreprise de l'industrialisation de l'actionnariat appelle à repenser les obligations de l'actionnaire et à dessiner les contours d'une responsabilisation des gérants d'actifs. Du point de vue du droit des société, la responsabilisation des actionnaires peut sembler une idée pour le moins singulière. Dans les sociétés anonymes, les actionnaires bénéficient du régime de la responsabilité limitée. Les investisseurs professionnels ne sont cependant pas dénués de toutes responsabilités, qu'elles aient ou non atteint le statut de norme légale. De récentes évolutions juridiques posent d'ailleurs les jalons d'une responsabilisation des investisseurs institutionnels. Le destinataire de la responsabilité du gérant varie cependant le long de la chaîne d'intermédiation actionnariale. Certaines de ses « responsabilités » peuvent aussi entrer en conflit.

Le trustee

La première des responsabilités de l'investisseur professionnel renvoie classiquement à la figure du *trustee*. En tant qu'intermédiaire, l'investisseur professionnel a un certain nombre de devoirs envers ses clients et ses bénéficiaires. Ces devoirs, appelés en droit anglo-saxon des devoirs fiduciaires, sont encadrés par le code monétaire et financier. Le gérant d'actifs doit gérer dans l'intérêt exclusif de ses bénéficiaires, intérêt bien souvent assimilés à un intérêt financier voire même boursier (Parachkévova, 2015).

L'agent

À cette figure du trust, s'ajoute la figure de l'agent. Les investisseurs professionnels ont eux-mêmes des actionnaires, ou des sociétés-mères, auxquels ils doivent répondre. Si ce régime de responsabilité n'a pas de statut légal, il n'en reste pas moins substantiel. Les sociétés qui représentent juridiquement les investisseurs sont soumises aux mêmes codes de gouvernance que les sociétés dans lesquelles elles investissent et qui répondent de manière prédominante aux principes de la théorie de l'agence (Cuomo, Mallin, & Zattoni, 2016) qui subordonne les entreprises à leurs actionnaires.

Cette combinaison de la figure du trust et de celle de l'agent est déjà à l'origine de contradictions. Nous avons souligné précédemment les conflits d'intérêts qui peuvent exister lorsque les entreprises dans lesquelles le gérant investit sont également ses clientes. Légalement, le gérant ne peut pas prioriser les intérêts de sa société-mère ou de ses clients sur celles de ses porteurs de part. Cependant, une deuxième source de responsabilité, celle de l'agent, existe. Cela a pu conduire à des cas – plus rares que ce qui a été couramment reporté – d'arbitrage en faveur de la société-mère (Belinga & Segrestin, 2018) mais surtout cela entraîne les gérants à adopter des positions consensuelles, peu engagées.

Le steward

Une plus récente figure complète encore ce schéma des régimes de responsabilités qui s'appliquent au gérant. Aujourd'hui, la responsabilité des investisseurs professionnels est au centre des débats sur la gouvernance des entreprises. En réponse à la crise financière de 2007-2008 et à ce qui a été interprété comme un échec de la *corporate governance*, le Royaume-Uni a introduit en 2010 un code à destination des investisseurs institutionnels. Le «UK Stewardship Code» décline les modalités des bonnes pratiques d'engagement pour les investisseurs. L'investisseur «*steward*» est celui qui assume bien les fonctions de vote mais aussi de contrôle des entreprises. Il s'engage avec les entreprises et doit les alerter sur certaines questions de gouvernance qu'il juge importantes, en conformité avec les codes de gouvernance. Dans cette perspective, au-delà des simples devoirs fiduciaires, auxquels cependant il renvoie, le Stewardship Code s'ouvre aux interprétations qui attribuent aux investisseurs une fonction de régulation au service de l'intérêt général (Chiu, 2011). La notion de *stewardship*, aux contours complexes, peut ainsi apparaître comme une tentative pour ressusciter la norme de la société et la prise en compte de l'intérêt commun. Cet intérêt commun demeure cependant subordonné à un intérêt économique.

Aussi, nous ajoutons à la figure du *trustee* et à celle de l'agent, la figure du «*steward*». Le *steward* intègre dans son régime de responsabilité l'intérêt de ses associés, c'est-à-dire l'intérêt de la société juridique.

Le firmkeeper

Enfin, une quatrième figure nous semble mériter une place dans ce schéma des régimes de responsabilité. Cette figure est encore à l'état de développement mais ouvre la voie à de nouvelles propositions en matière de responsabilité des investisseurs.

Le Stewardship Code a eu d'importantes répercussions sur les débats portant sur le rôle des actionnaires. Il a notamment été grandement discuté à la Commission Européenne et a pu inspirer la révision de la Directive européenne sur les droits des actionnaires, la Directive 2007/36/CE. La Commission a cependant pris un accent plus social que ne l'a fait le Royaume-Uni et insiste sur l'importance des critères extra-financiers dans l'engagement actionnarial. La Directive 2017/828 qui en résulte, comporte ainsi de nombreuses dispositions qui intègrent au régime de responsabilité des gérants d'actifs des préoccupations d'ordre social et environnemental, avec pour objectif d'accompagner l'entreprise et ses parties prenantes sur le long-terme.

Cette représentation pose les jalons d'une nouvelle figure de l'actionnaire, un actionnaire «*firmkeeper*» de l'entreprise, au regard de notre appellation précédente. Nous désignons bien ici l'entreprise comme une entité ainsi qu'elle fut défini par Armand Hatchuel et Blanche Segrestin, un « régime d'action collective exigeant des apprentissages collectifs et créatifs » (Hatchuel & Segrestin, 2007). Le *firmkeeper* reconnaît ainsi l'existence plus fondamentale de l'entreprise et les besoins de la création collective. Il s'associe alors et collabore à l'aventure dans laquelle s'engage ce collectif. Dans cette perspective, l'actionnaire *firmkeeper* veille à respecter l'intérêt de l'entreprise et de ses parties. Ce régime de responsabilité implique bien comme le prévoit la Directive Européenne la considération d'enjeux « collectifs » comme les externalités sur l'environnement et la société mais aussi le respect de principes d'équité avec les parties prenantes de l'entreprise comme les salariés et les clients.

Le gérant d'actifs est donc aujourd'hui pris entre quatre figures d'actionnaires différentes : le *trustee*, l'agent, le *steward* et le *firmkeeper*.

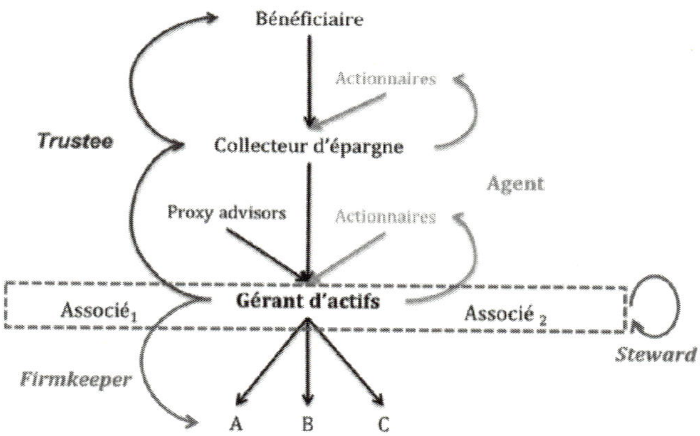

Schéma 2 : Les régimes de responsabilité du gérant d'actifs

Ces différentes figures définissent des régimes de responsabilités contrastés voire contradictoires. Aujourd'hui, la responsabilisation des actionnaires suppose aussi de clarifier les destinataires de la responsabilité des gérants d'actifs et le cadre des arbitrages entre ces différentes orientations possibles le long de la complexe chaîne d'intermédiation actionnariale.

**

Conclusion

Au terme de ce chapitre, de nombreuses interrogations demeurent quant au rôle que jouent (et doivent jouer) les actionnaires dans le gouvernement de l'entreprise. Cependant, il nous est apparu indispensable d'exposer les conditions particulières que les actionnaires posent à toute réflexion sur la pratique de la gouvernance d'entreprise.

Récapitulons les grandes étapes de notre analyse. Nous entendions démontrer comment la transformation du capital des sociétés bouleverse la figure de l'actionnaire et ses rapports avec l'entreprise. Pour cela, nous avons essayé de montrer le décalage qui existe entre les pratiques actionnariales et leur influence sur l'entreprise.

L'évolution de la structure du capital des sociétés au bénéfice des investisseurs institutionnels a profondément transformé la figure classique de l'actionnaire. Le petit actionnaire individuel cède la place à une chaîne d'intermédiation actionnariale dans laquelle l'activité propre à l'actionnaire revient au gérant d'actifs. La gestion d'actifs s'est professionnalisée et la gestion efficiente de portefeuilles d'action a suppléé l'investissement comme soutien à un projet d'entreprise. En conséquence, les gérants d'actifs ont en grande partie déserté le gouvernement d'entreprise, ils font même souvent le choix de l'externaliser à un nouvel intermédiaire, le *proxy advisors*. Ces phénomènes associés à la transformation du capital des sociétés constitue une industrialisation de l'actionnariat.

Cette industrialisation de l'actionnariat représente une mutation du régime d'activité des actionnaires qui ne manque pas d'avoir des répercussions sur les entreprises. Ces acteurs qui se sont pourtant distanciés de l'entreprise exercent toutefois une pression sur elle. En effet, rares sont les gérants d'actifs qui soient à la fois des actionnaires de long-terme et des actionnaires engagés. Beaucoup sont des actionnaires de court-terme mais très actifs ou des actionnaires de long-terme mais à dominante passive. Les premiers entreprennent volontairement des stratégies parfois agressives afin d'influencer la direction des entreprises. Les seconds délèguent leur pouvoir à de puissants *proxy advisors* ou prennent des positions de principe au fort pouvoir prescriptif sur la direction des entreprises.

Ces constats en appellent à une responsabilisation des actionnaires, et en premier lieu des gérants d'actifs. Ces derniers répondent déjà à différentes obligations, envers différents acteurs. En tant que *trustees*, ils répondent à leurs clients. En tant qu'agent, ils répondent à leurs actionnaires. En tant que *stewards*, ils répondent à leurs associés dans les sociétés dans lesquelles ils investissent. En tant que *firmkeeper* de l'entreprise, ils répondent à l'intérêt du collectif de l'entreprise comme régime de création collective. Ces différentes orientations de la responsabilité du gérant peuvent avoir pour conséquences un certain nombre de conflits d'intérêts et des prescriptions contradictoires. Il reste encore à clarifier le destinataire d'une responsabilité du gérant dans la pratique de la gouvernance d'entreprise, et les formes d'une responsabilisation des gérants soucieuse de l'intérêt de l'entreprise.

L'industrialisation de l'actionnariat engendre ainsi un paradoxe pour les normes de gestion qui se rapportent aux entreprises, entre des actionnaires de plus en plus anonymes et distants des entreprises et des acteurs dont l'influence sur ces mêmes entreprises est considérable sans pour autant être assortie des responsabilités correspondantes.

Pour ouvrir sur une note plus positive, cet état des lieux peut notamment constituer un cahier des charges pour des investisseurs qui héritent et participent de cette industrialisation de l'actionnariat mais qui cherchent par ailleurs à définir les contours d'une finance «positive» (Guez & Zaouati, 2014). Aussi, le mouvement de l'investissement socialement responsable, qui s'est longtemps construit seulement sur des logiques d'exclusion de leurs univers d'investissements des entreprises non respectueuses de standards ESG (Environnement, Social, Gouvernance), devrait-il se saisir également de cet enjeu de l'actionnaire «*firmkeeper*» qui accompagne l'entreprise, au-delà d'un screening ESG tout aussi distant que celui d'une gestion indicielle.

Références

AFG. (2017). *Exercice des droits de vote par les sociétés de gestion en 2016.*

Alexander, C. R., Chen, M. A., Seppi, D. J., & Spatt, C. S. (2009). The role of advisory services in proxy voting. *National Bureau of Economic Research.*

Amundi. (2016). *Engagement Report.*

Amundi. (2017). *Voting Policy.*

Anabtawi, I., & Stout, L. (2008). Fiduciary duties for activist shareholders. *Stanford Law Review*, *60*, 1255-1308.

Armour, J., Deakin, S., Mollica, V., & Siems, M. (2009). Law and financial development: what we are learning from time-series evidence. *BYU L. Rev.*, (6), 1435.

Auvray, T., Dallery, T., & Rigot, S. (2016). *L'entreprise liquidée: la finance contre l'investissement*. Paris : Michalon.

Belinfantini, T. C. (2009). The Proxy Advisory and Corporate Governance Industry: The Case for Increased Oversight and Control. *Stanford Journal of Law, Business & Finance*, *14*(2), 384-439.

Belinga, R., & Segrestin, B. (2018). Un contrat de société sans contrat d'investissement ? Les interrogations des actionnaires minoritaires sur le droit des sociétés : Dialogue avec Colette Neuville. *Gérer & Comprendre*, *133*, 33-40.

Berle, A. A., & Means, G. G. C. (1932). *The modern corporation and private property*. New Brunswick: reprint Transaction publishers 1991.

BlackRock. (2017a). *BlackRock 2016 Annual Report.*

BlackRock. (2017b). *BlackRock Worldwide Leader in Asset and Risk Management.*

BlackRock. (2017c). *Investment Stewardship Report: 2017 Voting and Engagement Report.*

Boston Consulting Group. (2017). *Global Asset Management 2017: The Innovator's Advantage.*

Bower, J. L., & Paine, L. S. (2017). The Error at Heart of Corporate Leadership. *Harvard Business Review*, *95*(3), 50-60.

Cheffins, B., & Bank, S. (2009). Is Berle and Means really a myth? *Business History Review*, *83*(3), 443-474.

Chiu, I. H. Y. (2011). Institutional Shareholders as Stewards: Toward a new conception of corporate governance. *Brook. J. Corp. Fin. & Com. L.*, *6*, 387.

Cuomo, F., Mallin, C., & Zattoni, A. (2016). Corporate governance codes: A review and research agenda. *Corporate governance: an international review*, *24*(3), 222-241.

Dallas, L. L. (2011). Short-termism, the financial crisis, and corporate governance. *J. Corp. L.*, *37*, 265.

Davis, G. F. (2008). A new finance capitalism? Mutual funds and ownership reconcentration in the United States. *European Management Review*, *5*(1), 11-21.

Davis, G. F., & Kim, E. H. (2007). Business ties and proxy voting by mutual funds. *Journal of Financial Economics*, *85*(2), 552-570.

Davydoff, D., Fano, D., & Qin, L. (2013). Who owns the European Economy? Evolution of the Ownership of EU-listed Companies Between 1970 and 2012. *A Report for the European Commission and the Financial Services User Group*, 40.

Efama. (2017). *Asset Management in Europe.*

Fama, E. F., & Jensen, M. C. (1983). Separation of ownership and control. *The journal of law and Economics*, *26*(2), 301-325.

Franks, J., & Mayer, C. (1997). Corporate ownership and control in the UK, Germany, and France. *Journal of Applied Corporate Finance*, *9*(4), 30-45.

Guez, H., & Zaouati, P. (2014). *Pour une finance positive : parce que l'argent a aussi des vertus*. Rue de L'Échiquier.

Hatchuel, A., & Segrestin, B. (2007). La société contre l'entreprise? Vers une norme d'entreprise à progrès collectif. *Droit et société*, (1), 27-40.

Hu, H. T. C., & Black, B. (2007). Hedge funds, insiders, and the decoupling of economic and voting ownership: Empty voting and hidden (morphable) ownership. *Journal of Corporate Finance*, *13*(2), 343-367.

Jacobs, J. B. (2011). « Patient Capital »: Can Delaware Corporate Law Help Revive It? *Wash. & Lee L. Rev.*, *68*, 1645.

Landon, T. J. (2018). BlackRock: The $6 Trillion Money Manager. *New York Times.*

Markowitz, H. (1952). Portfolio selection. *The journal of finance*, *7*(1), 77-91.

Miller, M. H. (1999). The history of finance. *The Journal of Portfolio Management*, 95-101.

Morin, F. (1998). La rupture du modèle français de détention et de gestion des capitaux. *Revue d'économie financière*, 111-132.

Morin, F., & Rigamonti, E. (2002). Évolution et structure de l'actionnariat en France. *Revue française de gestion*, (5), 155-181.

Parachkévova, I. (2015). Les obligations des fonds d'investissement au sein des sociétés cotées. *Revue des Sociétés*, (Février), 75.

Ripert, G. (1951). *Aspects juridiques du capitalisme moderne*. Paris : LGDJ.

Roe, M. J. (1993). Some differences in corporate structure in Germany, Japan, and the United States. *The Yale Law Journal*, *102*(8), 1927-2003.

Shin, T., & You, J. (2017). Pay for Talk: How the Use of Shareholder Value Language Affects CEO Compensation. *Journal of Management Studies*, *54*(1), 88-117.

Viandier, A. (1978). *La notion d'associé*. Pais : LGDJ.

Walter, C. (2005). La gestion indicielle et la théorie des moyennes. *Revue d'économie financière*, 113-136.

Chapitre 4

Pour une nouvelle théorie du contrôle : du droit de contrôle au contrat de gestion

Blanche Segrestin

Kevin Levillain

MINES ParisTech, Université PSL
CGS - i³ UMR CNRS 9217

S'efforcer de penser les critères d'une « bonne gestion », c'est poser la question du contrôle de la gestion : quelle est la norme à l'aune de laquelle évaluer la gestion ? Or, la question du contrôle a été paradoxalement largement laissée vacante. Ou plutôt, elle a été dominée par la théorie de l'agence, qui fait l'hypothèse que l'agent opportuniste doit être contrôlé de manière active par le principal qui le mandate. Mais les théories du contrôle ont négligé les critères de « bonne gestion ». La montée en puissance des investisseurs institutionnels, avec leurs politiques de vote à forte portée normative, ramène aujourd'hui en force la nécessité de définir les conditions et les modalités du contrôle. Comme le montre le chapitre de R. Belinga et H. Guez dans cet ouvrage, deux hypothèses classiques sont profondément remises en cause par l'évolution de l'actionnariat moderne : d'une part, l'hypothèse selon laquelle les actionnaires n'ont ni l'incitation ni la capacité de devenir actif (activiste) dans la gestion des entreprises n'est plus vérifiée. D'autre part, l'hypothèse selon laquelle les actionnaires ont un intérêt commun dans l'entreprise n'est plus valable non plus. D'où le fait qu'on assiste à des comportements très interventionnistes de la part de *hedge funds* ou de fonds activistes, qui déstabilisent les entreprises (Anabtawi & Stout, 2008)[1].

Parallèlement, de nombreux exemples montrent aussi que des entreprises inventent d'autres modèles de contrôle : Kea & Partners par exemple est un cabinet qui décide de l'émission, de l'allocation et de la valorisation des parts en fonction d'une politique managériale mais aussi d'une exigence de solidarité et d'inclusivité à l'égard des salariés (Levillain & Segrestin, 2016). De même, de

1 Voir le cas de William Ackman, actionnaire de l'entreprise de pharmacie Allergan : il aurait fait alliance avec un concurrent, Valeant Pharmaceuticals, pour faire une OPA, en mettant en avant l'opportunité de réduire le budget de R&D de 90 % ! Depuis, un procès a été engagé (Bower & Paine, 2017).

nouveaux titres sont expérimentés, tels que les *FairShares* (Ridley-Duff, 2017) en Grande Bretagne ou les actions NewCode[2] : cette innovation financière permet de conditionner la redistribution des résultats à un contrat d'entreprise de manière à assurer l'intérêt de l'entreprise et des parties de manière équilibrée.

En fait, l'action est un dispositif très ouvert qui permet d'envisager toutes les combinaisons, de l'action sans droit de vote à l'action avec droits de vote multiples, de l'action sans dividende à l'action avec dividende fixe ou préférentiel, de l'action liquide à l'action « illiquide », etc. En conséquence, l'espace des possibles en matière de contrôle est potentiellement infini, ce qui renforce d'autant la nécessité de cadres théoriques pour donner des repères.

Dans ce chapitre, nous proposons d'une part de montrer la crise profonde dans laquelle se trouvent les théories du contrôle et d'autre part de voir comment le principe de normes de gestion peut conduire à qualifier certains objets sur lesquels devrait porter le contrôle.

Pour cela, nous repartons du célèbre échange entre Berle et Dodd dans les années 1930. Il est emblématique d'un débat manqué sur le contrôle : c'est l'opposition entre un devoir envers les actionnaires ou envers les parties prenantes qui a été retenue, alors que se jouait plus fondamentalement la question des conditions du contrôle et des règles d'exercice du contrôle. Pour éviter de donner la prééminence aux actionnaires, la théorie de la personne morale a été mise en avant. Mais elle a conduit à écarter la question des objets et des conditions du contrôle.

Selon nous, la théorie du contrôle devrait intégrer des normes de gestion car le contrôle doit s'attacher à vérifier que la stratégie est bien responsable et qu'elle s'attache à préserver les potentiels qu'elle mobilise. Mais elle doit aussi maintenir une frontière effective entre contrôle et gestion : cette frontière est en effet d'une part une condition de la responsabilité limitée des associés et d'autre part une condition de la latitude de gestion et donc de la capacité de création collective. Le contrôle détermine en effet la finalité de l'entreprise et le mandat donné aux dirigeants. Nous montrons alors que ce mandat doit respecter deux conditions : il doit préserver l'équilibre entre les parties engagées mais surtout ne pas déterminer la gestion elle-même. Autrement dit, le mandat doit rester « indécidable ». Aussi la mission, qui définit le futur désirable que s'attache à construire l'entreprise, donne-t-elle un bon cadre pour le contrôle.

2 https://www.academienewcode.com

1. Contrôle : des théories contradictoires

Des cadres théoriques morcelés

Le terme de contrôle est en lui-même profondément ambigu et plusieurs définitions ont été apportées (Ginglinger, 2002; Tannenbaum, 1962). Sans passer en revue toutes ces définitions[3], on peut souligner que le concept est d'abord apparu dans la littérature, non pas comme un objet juridique, mais comme un phénomène qui échappait justement au droit et difficile à saisir. Pour Berle et Means (1932), c'est d'abord une capacité à influencer, directement ou indirectement, le pouvoir de direction :

> «*First it may influence or induce the directors in exercising the power of the corporation. Second, the "control" may, acting under its own legal right, perform certain corporate acts itself - such as voting for directors. Third the "control" may perform acts which nominally have nothing to do with the corporation, but which in fact gravely affect the fate of the enterprise. For instance, "control" may be sold.*» (Berle & Means, 1932, p. 209).

La question du contrôle était devenue une préoccupation à la suite de scandales qui avaient révélé comment certains actionnaires étaient en mesure d'influencer la gestion à leur avantage privé (Carney, 1980; Lamoreaux et al., 2006), par exemple au détriment d'actionnaires minoritaires. Cette situation créait une distorsion de pouvoir entre certaines catégories d'actionnaires dotées d'une capacité de contrôle (par exemple celle de nommer les dirigeants) et les autres qui en étaient dépourvues, situation qualifiée dans la littérature de «*private* control».

L'ouvrage de Berle et Means pourtant, en insistant sur la transformation radicale du paysage des *modern corporations*, a davantage attiré l'attention sur la concentration du pouvoir de direction aux mains de peu de grands dirigeants, face à une dispersion du petit actionnariat. À partir des années 1960, la théorie économique s'est ainsi plutôt saisie du concept de «contrôle» pour pointer que les dirigeants eux-mêmes pouvaient utiliser le pouvoir de direction à leur avantage propre (Alchian & Demsetz, 1972), ce qui a constitué l'une des bases de la théorie de l'agence (Fama & Jensen, 1983). La relation contrôleur-contrôlé désigne alors celle (supposée de principal à agent, d'où la notion d'*agency control*) entre les dirigeants et les actionnaires. Et les préconisations en matière de surveillance, voire d'*empowerment* des actionnaires ont alors été insistantes (Bebchuk, 2005).

---

3 Nous mettons notamment de côté la littérature en management : le management moderne peut être vu comme construit sur la notion de contrôle administratif (Giglioni & Bedeian, 1974), de contrôle cybernétique ou homéostatique (Hofstede, 1978), stratégique (Eisenhardt, 1985), ou dans le cadre des développements sur les modes de management favorisant le «*self control*» (David, 2013).

Mais pour les chercheurs critiquant l'inexactitude de la théorie de l'agence du point de vue juridique, la véritable relation de contrôle organisée par le droit se trouve ailleurs : elle se situerait entre la « personne morale » qu'est la société, représentée par le conseil d'administration, et le dirigeant qui doit prendre en compte l'intérêt de cette société, puis exercer une autre forme de contrôle, hiérarchique cette fois au sein de l'entreprise (Blair & Stout, 1999; Johnson & Millon, 2005; Lan & Heracleous, 2010). Dans cette perspective, la *Stewardship Theory* a montré qu'un contrôle trop serré pouvait avoir des effets contre-productifs, tant les incitations et la surveillance peuvent réduire les marges de manœuvre et les motivations de dirigeants initialement orientés vers l'intérêt collectif (Davis, Schoorman, & Donaldson, 1997).

Comme on le voit (cf. Fig. 1), chacun de ces différents champs de la littérature s'est donc intéressé à un maillon particulier de la chaîne du contrôle, qui peut être complexe et même non linéaire en pratique. De ce fait, on manque de cadres théoriques qui permettent de saisir les conséquences sur l'ensemble de la chaîne d'un modèle particulier du contrôle à chacun de ces pivots. Face à ce morcellement théorique, comment s'assurer que les logiques de responsabilité correspondent ainsi effectivement aux pouvoirs distribués aux différents maillons ? C'est selon nous ce point aveugle théorique qui explique la situation intenable dans laquelle se retrouve l'associé aujourd'hui.

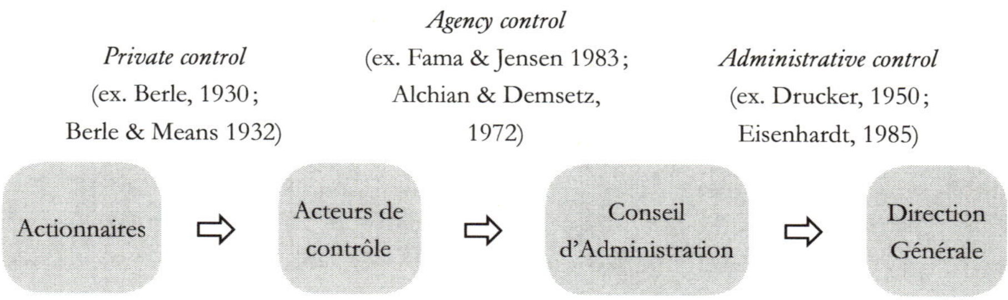

Figure 1 : La littérature analyse des maillons différents de la chaîne de contrôle

Contrôler sans responsabilité ? La contradiction fondamentale du statut de l'associé

Juridiquement, le droit de contrôle est lié au droit de vote que confère la détention d'une action. C'est par ce droit de vote que les actionnaires peuvent nommer les administrateurs par exemple, ou bien imposer leurs normes de gestion (cf. les politiques de vote). Comment expliquer ce droit ? *A priori,* la propriété d'un bien donne à la fois le droit de définir l'usage du bien et la responsabilité associée à cet usage. Or, dans le cadre d'une action, on suppose que l'actionnaire est propriétaire d'un patrimoine, dont il délègue la gestion. Implicitement, l'actionnaire est considéré comme celui qui assume le risque lié à l'action (*risk-bearing*), mais sans en assumer la gestion. La relation entre l'actionnaire et le dirigeant est donc très singulière. On peut la qualifier de « contravariante » :

- D'un côté, les risques pris par l'actionnaire dépendent du comportement du dirigeant : il faut donc assurer un droit de contrôle pour l'actionnaire, qui doit s'assurer que son investissement n'est pas dilapidé.
- De l'autre, le dirigeant porte seul la responsabilité de gestion. Ce point est capital : il permet d'abord à l'actionnaire d'être dégagé, de ne pas être inquiété des actes de la société, et de n'engager qu'une « responsabilité limitée », c'est-à-dire de ne contribuer aux pertes et dommages exigibles qu'à hauteur de son apport. En outre, ce point fonde le pouvoir de direction et sa latitude d'action : il faut donc que le contrôle de l'actionnaire n'empiète pas sur la gestion qui revient au dirigeant.

Si un tel schéma est séduisant sur le papier, il donne lieu en pratique à une situation doublement problématique, compte-tenu des évolutions profondes de l'entreprise et des pratiques de l'actionnariat au cours du siècle dernier.

Le schéma du contrôle est d'abord problématique parce que le droit de contrôle est en fait déconnecté des risques réels. Ce point n'est pas neuf, mais mérite d'être souligné. Drucker s'offusquait déjà dans les années 50 que le contrôle d'une entreprise soit un objet de négoce (Drucker, 1950). Mais quand le droit de vote peut même être loué, alors le contrôle peut clairement être exercé sans risque (Belinga & Segrestin, 2018). Et surtout, il est aujourd'hui clairement réfuté que les actionnaires assument seuls les risques. Le fait que le contrat de travail fixe un salaire ne garantit aucunement que ce salaire ne soit pas interrompu, notamment en cas de faillite de l'entreprise. En outre, le salaire n'est évidemment pas la seule dimension en jeu. Une entreprise organise des apprentissages collectifs et les salariés n'apportent pas seulement une quantité de travail : ils investissent leur potentiel et leur identité professionnelle, dont ils savent qu'ils seront modifiés, mais dans un sens encore inconnu, par les projets de l'entreprise. Et les risques assumés par les parties sont en fait dépendants des stratégies des entreprises… et donc de ceux qui les contrôlent !

Le schéma est ensuite encore problématique parce qu'il peut conduire à ce que des associés dirigeants *de fait* soient dégagés de la responsabilité de gestion. On fait en effet comme si le contrôle était donné à ceux qui ne géraient pas… Et le modèle anglo-saxon est d'ailleurs souvent décrit comme un modèle "*arm's length*", c'est-à-dire où les investisseurs restent à distance des managers et s'interdisent d'intervenir dans la conduite des affaires[4]. Pour autant, le droit de contrôle donne à l'évidence un moyen d'influencer, voire de déterminer certains choix (Gelter, 2009; Zeitlin, 1974). Et le chapitre précédent montre que les actionnaires, via les politiques de vote ou les pactes d'actionnaires, peuvent en pratique s'arroger une prérogative sur certaines classes de décision (Perrin, 2016). Mizruchi pointe d'ailleurs que, quelle que soit la liste des «*business matters*» réservés au management, les actionnaires sont en position de définir le cadre dans lequel ces sujets seront traités. En maîtrisant les prémisses, ils ont *in fine* la maitrise stratégique du management (Mizruchi, 1983).

Dans ces conditions, l'absence de responsabilité des actionnaires, en position de dirigeants de fait, est éminemment discutable. Mais faut-il renoncer à toute séparation entre contrôle et gestion? On le voit, le point aveugle théorique déjà souligné révèle fondamentalement la difficulté à penser la nature même du contrôle et donc sa distinction avec la gestion. Tout se passe comme si l'enjeu était de normaliser les relations de pouvoirs entre deux ou plusieurs groupes de parties prenantes en relation avec l'entreprise, sans jamais devoir décrire les objets sur lesquels ce contrôle s'exerce, ni les activités qu'il désigne. Pourtant on comprend que sous le même mot de «contrôle», ce sont des pouvoirs différents qui sont décrits lorsqu'il s'agit de nommer le dirigeant, de fixer l'orientation stratégique ou encore d'exiger la prise en compte d'intérêts de parties prenantes variées. Comment dès lors reconstruire une théorie du contrôle qui puisse assurer à la fois la possibilité d'une responsabilité limitée d'une part et d'une gestion responsable à l'égard de l'ensemble des parties prenantes d'autre part?

2. Berle *vs* Dodd : retour sur un débat manqué sur les règles du contrôle

Berle : le droit de contrôle suppose des normes d'intérêt collectif

Le débat sur la relation entre contrôle et gestion a un précédent célèbre dans la littérature: c'est le débat devenu emblématique entre deux professeurs de droit Adolf Berle et Merrick Dodd, sur la question: à qui les sociétés doivent-elles rendre des comptes – «*to whom are corporations accountable?*» (Macintosh, 1999). Ce débat, par articles interposés, est habituellement compris comme opposant Berle, le tenant d'une doctrine actionnariale et défendant l'idée que les sociétés sont responsables à l'égard uniquement aux actionnaires, à Dodd, partisan au contraire de l'idée que les sociétés sont responsables devant l'ensemble des parties, et pas seulement les actionnaires (Bratton & Wachter, 2008). Il est donc

4 «*"Arm's-length" signifies that investors in the US and the UK are rarely poised to intervene in running a business. Instead, they tend to maintain their distance and give executives a free hand to manage*» (Cheffins, 2001, p. 88)

réputé pour être à l'origine non pas seulement de la doctrine de «*shareholder primacy*», mais aussi de la doctrine de la responsabilité sociale de l'entreprise. Car c'est notamment à cette occasion qu'aurait germé la théorie de l'intérêt de la société comme boussole des dirigeants (Wells, 2002) – théorie de la «*separate legal entity*» ou de la personne morale (Blair & Stout, 1999; Lan & Heracleous, 2010). Dodd a en effet défendu l'idée que les dirigeants avaient des obligations vis-à-vis de la société et non des associés qui la créent, la société représentant des intérêts nécessairement supérieurs et plus variés que ceux des seuls associés. C'est d'ailleurs également lui qui a introduit l'idée que les dirigeants étaient dans une relation d'*agency* par rapport à la société, en référence à un terme juridique classique.

En fait, la position de Berle mérite d'être analysée de plus près. Car dans son livre de 1932 avec Means, il constate comment la concentration des capitaux au sein de grands conglomérats, la dispersion de l'actionnariat, mais aussi et surtout l'apparition du management moderne, révolutionnent la société (Berle & Means, 1932 ; Segrestin, 2011). Et il était préoccupé précisément par l'apparition d'un contrôle – et donc d'un pouvoir – sans norme. Contrairement à ce qu'on entend souvent, le terme *control*, chez Berle, ne désigne pas tant le management, par opposition aux actionnaires, que la capacité de certains actionnaires, par leur droit de vote, à interférer avec la gestion sans être soumis aux obligations (et notamment aux *fiduciary duties*) des dirigeants.

Cette analyse, qui rejoint exactement la nôtre, est clairement exprimée dans une série d'articles dans les années 1920 : Berle s'y préoccupe des effets de la libéralisation du droit des sociétés, pas encore homogène entre les États. Les sociétés peuvent désormais s'enregistrer sans objet social particulier (et faire «*anything that a group of individual could do*») et les actions peuvent être émises de manière très libre. En conséquence, il observe des comportements nouveaux de financiers (*banking firms*) qui rédigent des statuts permettant de concentrer les droits de vote dans une classe d'action particulière. Et il appelle ces actions des *management stock* précisément parce qu'alors, il constate qu'avoir un droit de contrôle par l'action donne un droit sur la direction.

C'est là que la rupture a lieu : en temps normal, les dirigeants exercent un jugement professionnel indépendant et sont responsables («*customarily, stockholders cannot instruct directors to take a given action. The presumption has been that directors exercised independent judgment; and that stockholders played no part in their motivation*» (Berle, 1926, p. 690)). D'où leur responsabilité : «*Heretofore, liability for mismanagement has rested on their shoulders alone*». Mais si légalement les actionnaires ne peuvent pas commander aux dirigeants, ni leur demander certains actes précis de gestion, en réalité, on ne peut pas dire qu'ils ne prennent pas part aux décisions. C'est l'inverse qui est vrai : certains associés participent aux orientations, sont étroitement informés, et désignent des administrateurs qui seront «*responsive to their will*». Pourtant, ils ne sont tenus à aucune norme, en tant qu'actionnaires, hormis leur propre intérêt!

Pour Berle, le problème s'exprime en des termes très généraux: il se trouve en effet face à un contrôle sans responsabilité, ce qui est anormal et insoutenable. D'après lui, tout pouvoir emporte une responsabilité: «*no power, however absolute in terms, is absolute in fact; that every power is subject to the essential equitable limitations.*[5] » En défendant l'intérêt des actionnaires, son enjeu est donc d'abord de défendre *tous* les actionnaires, selon une véritable norme d'équité: «*The powers themselves are designed to forward the ends of all, not to forward the ends of some and defeat the ends of others* » (Berle, 1931, p. 1073).

Il s'efforce alors d'identifier les décisions de justice qui montrent comment, en pratique, les tribunaux agissent déjà dans cette perspective et fixent des normes: ceux-ci empêchent d'émettre de nouvelles actions sans prendre en compte ou défendre les intérêts des nouveaux entrants; d'émettre ou de retenir des dividendes autrement que pour le bénéfice non seulement de la société dans son ensemble mais pour tous ses actionnaires; ou encore de changer les statuts à la majorité si l'objectif est d'introduire des changements qui affecteraient les droits substantiels d'un quelconque actionnaire, etc. On retrouve bien là la démonstration que la société, dont l'article 1833 du code civil français dit qu'elle doit être gérée dans «l'intérêt *commun* des associés», pourvoit déjà à un certain nombre de normes pour gérer la relation entre les actionnaires.

S'inspirant du droit du *trust*, Berle avance pour ce problème des propositions très radicales: d'une part, il considère que le contrôle doit être délimité par des règles claires, et notamment des règles d'équité, qui doivent être contrôlables par les juges[6]. Et d'autre part, les *management stockholders* (i.e. les contrôleurs en position de dirigeants de fait) ne doivent plus bénéficier de la responsabilité limitée: «*Management stockholders will be presumed to have assented to the acts of the directors; and if this presumption is not rebutted, will be jointly liable with directors for mismanagement of corporate affair*» (Berle, 1926, p.690).

5 *"Where powers are conceded to the management or to any group to act for the corporation as a whole, the obvious, if tacit, assumption is that these powers are intended to be used only on behalf of all. They are distinctly not intended to be granted for the purpose of benefiting one set of participants as against another. To do so would be to violate every intendment of the whole corporate situation"* (Berle, 1931, p. 1073).

6 *"Corporate action must be tested by the technical rules having to do with the existence and proper exercise of the power, and by equitable rules"* analogues à celles d'un *trust* (Berle, 1931, p. 1049).

Dodd : s'en remettre plutôt au professionnalisme des managers

On comprend que de telles propositions aient pu rebuter. La thèse que leur opposait Dodd était que le droit évoluait plutôt dans le sens à la fois d'une professionnalisation du management, d'une distanciation des actionnaires et d'un renforcement des obligations des managers à l'égard des salariés et des clients ou des fournisseurs. De ce fait, il ne s'agissait plus de responsabiliser les actionnaires mais bien les professionnels :

> « *That stockholders who have no contact with business other than to derive dividends from it should become imbued with a professional spirit of public service is hardly thinkable. If incorporated business is to become professionalized, it is to the managers, not to the owners, that we must look for the accomplishment of this result* » (Dodd, 1932, p. 1153).

Cette thèse avait le double avantage de ne pas avoir à modifier le droit, et de ne pas avoir concrètement à définir qui contrôlait et comment. C'est bien cette position qui a par la suite prévalu, donnant naissance au courant de la Responsabilité Sociale de l'Entreprise comme enjeu managérial hors du cadre juridique, puis à la théorie de la personne morale comme mandant des dirigeants. On peut d'ailleurs reprocher à Berle de ne pas traiter des normes propres au management dans ses propositions.

Mais cette position théorique a en fait stoppé une analyse de fond sur le statut et les responsabilités des associés. Au risque, comme le soupçonnait Berle, que l'absence de règle encourage *de facto* la seule défense des intérêts particuliers, et par suite une sorte de guerre économique dans l'entreprise :

> « *The only thing that can come out of it, in any long view, is the massing of group after group to assert their private claims by force or threat - to take what each can get, just as corporate managements do. [...] This is an invitation not to law or orderly government, but to a process of economic civil war.* » (Berle, 1932, p. 1369)

3. Contrôle et contrat de gestion : vers un nouveau statut des associés

Il nous semble donc impératif de revenir aujourd'hui à la théorie du contrôle en prenant bien en compte ces deux objectifs : d'une part protéger la responsabilité limitée des associés et donc la frontière entre contrôle et gestion ; et d'autre part assurer une norme d'équilibre entre les parties prenantes.

À cet égard, la question n'est pas seulement une question de partage du contrôle aux différentes parties prenantes, car cela ne résoudrait en rien la frontière entre contrôle et gestion. De même, plusieurs propositions, dans la suite de Berle, ont été faites, pour responsabiliser les actionnaires en position de contrôle (Ireland, 2010) ou bien pour leur attribuer des *fiduciary duties* équivalents à ceux des dirigeants (Anabtawi & Stout, 2008). Mais ces propositions en fait reviennent à assimiler les contrôleurs aux dirigeants, là où l'on cherche plutôt à instaurer une capacité de contrôle... préservant l'indépendance de la gestion.

Le problème doit être pris différemment: si l'on veut préserver la distinction entre contrôle et gestion, alors le contrôle ne peut être réduit à une simple relation de pouvoir, sans décrire les objets sur lesquels il s'exerce. Par exemple, comment éviter de créer un biais dans la stratégie favorable à ceux qui exercent le contrôle sans spécifier les enjeux collectifs indépendamment des intérêts des contrôleurs? Existe-t-il un principe qui justifie que les différentes facettes du contrôle (nomination des dirigeants, vote sur les résolutions, approbation des comptes, contrôle de la stratégie) soient nécessairement jointes? Et sinon, comment penser les règles qui permettent d'assurer que ce contrôle des associés s'exerce dans le respect de l'équilibre entre les parties?

Autrement dit: sur quoi les associés peuvent-ils s'exprimer? Sur quelle base peuvent-ils juger de la qualité de la gestion? Et quelles attentes ou quelles revendications peuvent-ils faire valoir?

Un modèle du contrôle par ses objets

Pour reconstruire un modèle du contrôle, nous proposons de repartir du modèle de l'entreprise en tant que dispositif de création collective. Par la suite, nous adoptons les conventions suivantes: nous supposons que l'entreprise mobilise plusieurs potentiels (capacités d'action de nature financière, cognitive, relationnelle, etc.) pour mettre en œuvre une action collective qui vise à développer des potentiels nouveaux (nouvelles technologies, nouveaux brevets, etc.). Le lien entre les potentiels de départ et la création de potentiel vient de la capacité du management à concevoir et mettre en œuvre une action collective inédite. Cette action est susceptible de modifier substantiellement les potentiels de départ (Hatchuel & Segrestin, 2007; Segrestin & Hatchuel, 2012).

Nous cherchons, à partir de cette représentation de l'entreprise, à déterminer les règles du contrôle avec le cahier des charges suivant:

- D'une part, le contrôle doit permettre, voire favoriser la création collective;
- D'autre part, le contrôle doit permettre aux dirigeants de respecter les normes de responsabilité et d'équité. Autrement dit, il ne peut ni gêner la préservation des potentiels existants, ni gêner l'équité entre les parties engagées.

- Enfin, le contrôle doit respecter une condition d'indépendance minimale de la gestion. Dit autrement, l'exercice du contrôle ne doit pas être de nature à déterminer les choix de gestion. C'est en effet à cette condition que les associés n'auront pas la capacité à dicter la stratégie aux dirigeants.

Mais sur quoi peuvent-ils agir alors et comment peuvent-ils éviter de déterminer les prémisses de la gestion (« *premises of action* » (Mizruchi, 1983)) ? En distinguant les fins et les moyens de la gestion, nous pouvons considérer que le contrôle a deux objets principaux : le contrôle de la préservation et le contrôle des orientations ou des finalités de l'entreprise.

Norme de vigilance : contrôler la préservation des potentiels

Dans la mesure où les parties engagent leur potentiel dans l'entreprise, alors elles le mettent à disposition des dirigeants pour mener une action d'intérêt collectif. Comme le rappelle Rambaud et Richard, cette confiance n'est possible historiquement que si les dirigeants gèrent bien et en l'occurrence ne dilapident pas le potentiel : le dispositif de la comptabilité permet précisément aux investisseurs de suivre l'usage de leurs capitaux et de vérifier que la stratégie de l'entreprise est de nature à *préserver leur capital* (Rambaud, 2015).

Dès lors que l'on reconnaît que le capital des actionnaires n'est pas le seul mis à disposition de l'entreprise, alors il faut symétriser et permettre aux autres parties engagées un droit de contrôle sur l'usage de leurs potentiels. En pratique, on peut penser que les salariés doivent pouvoir suivre l'impact de la stratégie sur les compétences, tout particulièrement dans des régimes innovants où les connaissances peuvent être rapidement touchées par l'obsolescence. Les plans de formation de l'entreprise devraient ainsi être adaptés aux enjeux d'innovation et de renouvellement technologique.

Plus généralement, le devoir de vigilance impose désormais que soit conçu et mis en œuvre un plan de surveillance et de prévention des risques susceptibles de porter atteinte aux droits fondamentaux. Le devoir de vigilance généralise le principe selon lequel la stratégie doit être évaluée selon sa capacité à préserver les potentiels qu'elle mobilise.

Les finalités de l'entreprise : l'inconnu désirable comme mandat

Le potentiel ne doit cependant pas être appréhendé uniquement sous un angle « comptable ». C'est une ressource apportée à l'entreprise et que l'entreprise doit s'attacher à maintenir et à restituer. Mais c'est aussi ce qui ouvre la possibilité d'actions et de finalités variées. Or, les parties s'engagent dans une entreprise en fonction du sens qu'elle a pour eux. Comment les parties engagées pourraient-elles ne pas prendre part aux orientations de l'action ? Ce point est plus délicat car on voit bien comment d'une part, les orientations stratégiques imposées par un groupe de parties prenantes peut contraindre les stratégies et d'autre part comment elles peuvent ne pas correspondre aux orientations souhaitées par une autre partie. Pour fixer les idées, prenons un exemple fictif. Imaginons des actionnaires qui déclarent attendre un retour sur investissement de l'ordre de 15 %. Si les dirigeants en déduisent immédiatement les stratégies financières (rachat d'action, cessions d'actifs, etc.), on imagine aisément que cette stratégie n'est pas forcément la plus souhaitable pour les salariés.

Dans une telle situation, la « codétermination », en réunissant les parties concernées au sein d'un même conseil, peut contribuer à l'élaboration d'un compromis. Mais on peut à l'inverse imposer dès l'origine de la réflexion stratégique que l'objectif d'un retour financier à 15 % soit complété par une règle d'équilibre entre les parties : la stratégie financière « triviale » est alors nécessairement proscrite. On peut certes craindre que les dirigeants aient du mal à définir une stratégie capable d'atteindre un ROE à 15 % et qui satisfasse autant les salariés. Mais dans le fond, un tel objectif d'une part respecte la norme de l'équité, et désigne d'autre part un « inconnu désirable » pour lequel il n'y a pas de stratégie connue *a priori*. Cet objectif crée donc de l'indécidabilité (Hatchuel & Weil, 2008; Le Masson, Weil, & Hatchuel, 2006) : il est impossible de dire, en l'état des connaissances, s'il est atteignable ou non. Autrement dit, aucune stratégie n'est connue pour l'atteindre, mais cela ne signifie pas qu'aucune stratégie n'est possible. En désignant un inconnu désirable, les associés fixent un cap à la direction, mais sans déterminer la gestion. L'indécidabilité se révèle être la condition d'une frontière entre contrôle et gestion.

Nous pouvons donc en conclure que les associés peuvent exercer valablement un droit de contrôle si le mandat qu'ils confient aux dirigeants est : 1) équilibré et 2) indécidable. L'explicitation d'un tel mandat pourrait faire l'objet d'un « contrat de gestion » entre les associés et les dirigeants. Un tel contrat devrait permettre au contrôle d'être légitime et au management de rendre des comptes.

Conclusion

Le contrôle des dirigeants est la pierre angulaire des théories de la gouvernance, et pourtant – nous semble-t-il – une question qui a manqué d'un cadre théorique valable. L'opposition entre les approches actionnariales et partenariales a contribué à biaiser ou à occulter le débat de fond. Dans le cadre du droit actuel, le contrôle est tout à la fois nécessaire parce que l'autorité de gestion appelle un contrôle ; mais impossible, parce que contrôler revient à influencer la gestion sans en porter la responsabilité.

Dans ce chapitre, et en partant de la théorie des normes de gestion, nous avons montré que le contrôle, faute de penser la condition d'indépendance de la gestion, revient à fixer la norme, et de fait à diriger. Le contrôle peut donc s'apparenter à une forme de direction irresponsable.

En définitive, c'est au travers d'une théorie du contrôle, une théorie de l'associé qui est en jeu.

Nous avions déjà proposé de reconsidérer la qualité d'associé : le droit de nommer et de contrôler les dirigeants devrait en effet dépendre de la reconnaissance par les parties d'une autorité de gestion. Les parties qui s'engagent dans l'entreprise ***habilitent*** une autorité de gestion (Vernac, 2012), et ce faisant renoncent d'une certaine manière à leur propre autonomie de gestion. Elles acceptent de confier au moins partiellement leur potentiels (financier, employabilité ou autres) à une équipe de direction. Si le pouvoir de direction découle de cette habilitation, il est logique que le droit de nommer les dirigeants reviennent aux parties engagées. C'est aussi une condition de confiance et d'efficacité de l'action. Pour que les dirigeants puissent bien gérer, plusieurs conditions sont nécessaires. Notons au passage que la condition d'engagement va plus loin que la notion usuelle d'investissement : actionnaires et salariés investissent tous dans l'entreprise leur potentiel. Néanmoins on peut douter que tous les actionnaires cèdent la gestion de leur patrimoine à la direction de l'entreprise : en gardant la maitrise de leur placement et la liquidité de leurs parts, certains actionnaires en conservent la gestion directe. Notre hypothèse est donc que détenir une action ne donne pas le statut d'associé de l'entreprise. Pour être *associé de l'entreprise*, il faut investir et engager son potentiel dans l'entreprise : cela prône pour une co-détermination où les salariés participent aux bénéfices et au contrôle des dirigeants de manière équilibrée avec les actionnaires.

Mais déterminer qui a le droit de contrôler la gestion est insuffisant et il nous semble indispensable de déterminer les objets du contrôle et les obligations associées à l'exercice du contrôle. Selon nous, le contrôle suppose un contrat de gestion entre les dirigeants et les associés. Un tel contrat a pour objet d'expliciter le mandat de gestion, qui doit remplir plusieurs conditions. Le mandat doit d'abord respecter les normes de responsabilité et d'équité. En pratique, cela empêche les formes de rémunération actuelle, indexée en large part sur la valeur actionnariale (Hatchuel & Segrestin, 2016). Le mandat doit ensuite désigner un inconnu désirable et d'intérêt collectif, c'est alors ce qu'on appelle une « mission ».

Références

Alchian, A. A., & Demsetz, H. (1972). Production, information costs, and economic organization. *The American Economic Review*, *62*(5), 777-795.

Anabtawi, I., & Stout, L. (2008). Fiduciary duties for activist shareholders. *Stanford Law Review*, *60*, 1255.-1308.

Bebchuk, L. A. (2005). The case for increasing shareholder power. *Harvard Law Review*, 833-914.

Belinga, R., & Segrestin, B. (2018). Un contrat de société sans contrat d'investissement ? Les interrogations des actionnaires minoritaires sur le droit des sociétés : Dialogue avec Colette Neuville. *Gérer et Comprendre*, *132*, 33-40.

Berle, A. A., & Means, G. C. (1932). *The modern corporation and private property*. New Brunswick, New Jersey, Transaction Publishers.

Blair, M. M., & Stout, L. A. (1999). A team production theory of corporate law. *Virginia Law Review*, *85*(2), 247-328.

Bower, J. L., & Paine, L. S. (2017). The Error at the Heart of Corporate Leadership. *Harvard Business Review* 95(3), 50-60.

Bratton, W. W., & Wachter, M. L. (2008). Shareholder Primacy's Corporatist Origins: Adolf Berle and The Modern Corporation. *J. Corp. L.*, *34*, 99-152.

Carney, W. J. (1980). Fundamental corporate changes, minority shareholders, and business purposes. *American Bar Foundation Research Journal*, 69-132.

Cheffins, B. (2001). History and the global corporate governance revolution: the UK perspective. *Business History*, *43*(4), 87-118.

David, A. (2013). *Management Innovation, a Genealogical Perspective: The Case of Drucker's Management by Objectives and Self-Control.* Présenté au 59e Business History Conference Annual Meeting - BHC 2013, Columbus, Ohio, US.

Davis, J. H., Schoorman, F. D., & Donaldson, L. (1997). Toward a stewardship theory of management. *Academy of Management Review*, *22*(1), 20-47.

Dodd, E. M. (1932). For Whom Are Corporate Managers Trustees? *Harvard Law Review*, *45*(7), 1145-1162.

Drucker, P. (1950). *The New Society; The Anatomy of Industrial Order*. New York: Harper and Brothers.

Eisenhardt, K. M. (1985). Control: Organizational and economic approaches. *Management science*, *31*(2), 134-149.

Fama, E. F., & Jensen, M. C. (1983). Separation of ownership and control. *Journal of law and economics*, 301-325.

Gelter, M. (2009). The dark side of shareholder influence: Managerial autonomy and stakeholder orientation in comparative corporate governance. *Harvard International Law Journal*, *50*(1), 129-194.

Giglioni, G. B., & Bedeian, A. G. (1974). A conspectus of management control theory: 1900-1972. *Academy of Management Journal*, *17*(2), 292-305.

Ginglinger, E. (2002). L'actionnaire comme contrôleur. *Revue française de gestion*, (5), 37-55.

Hatchuel, A., & Segrestin, B. (2007). La société contre l'entreprise? Vers une norme d'entreprise à progrès collectif. *Droit et société*, (1), 27-40.

Hatchuel, A., & Segrestin, B. (2016, juillet 15). Penser autrement la rémunération des dirigeants. *Les Echos*. Consulté à l'adresse http://theconversation.com/remuneration-des-dirigeants-comprendre-ce-que-diriger-veut-dire-65636

Hatchuel, A. (2008). Du raisonnement de conception. Essai sur le « forcing » en théorie des ensembles. In A. Hatchuel & B. Weil (Eds.), *Les nouveaux régimes de conception* (p. 133-149), Paris : Vuibert.

Hofstede, G. (1978). The poverty of management control philosophy. *Academy of management Review*, *3*(3), 450-461.

Ireland, P. (2010). Limited liability, shareholder rights and the problem of corporate irresponsibility. *Cambridge Journal of Economics*, *34*(5), 837-856.

Johnson, L. P., & Millon, D. (2005). Recalling why corporate officers are fiduciaries. *Wm. & Mary L. Rev.*, *46*, 1597.

Lamoreaux, N. R., Rosenthal, J.-L. (2006). Corporate Governance and the Plight of Minority Shareholders in the United States before the Great Depression. In E. L. Glaeser & C. Goldin (Eds.), *Corruption and Reform: Lessons from America's Economic History*: University of Chicago Press.

Lan, L. L., & Heracleous, L. (2010). Rethinking Agency Theory : the View from the Law. *Academy of Management Review*, *35*(2), 294-314.

Le Masson, P., Weil, B., & Hatchuel, A. (2006). *Les processus d'innovation: Conception innovante et croissance des entreprises*. Paris : Hermès.

Levillain, K., & Segrestin, B. (2016). *Entrepreneur's Wealth vs. Firm's Welfare: Exploring an "evergreen" governance for firm succession.* Présenté à European Academy of Management Annual Conference, Paris, France.

Macintosh, J. C. (1999). The issues, effects and consequences of the Berle-Dodd debate, 1931-1932. *Accounting, Organizations and Society*, *24*(2), 139-153.

Mizruchi, M. S. (1983). Who controls whom? An examination of the relation between management and boards of directors in large American corporations. *Academy of management Review*, *8*(3), 426-435.

Perrin, P. L. (2016, mars). *Introduction aux pactes d'actionnaires*. Présenté au séminaire du programme de recherche « Gouvernement de l'Entreprise et Création de Communs », Collège des Bernardins.

Rambaud, A. P. (2015). *La valeur de l'existence en comptabilité: pourquoi et comment l'entreprise peut (p) rendre en compte des entités environnementales pour «elles-mêmes»?* (Doctorat). Université Paris Dauphine-Paris IX.

Ridley-Duff, R. (2017). The internationalisation of FairShares model: where agency meets structure in US and UK company law. In N. Boeger & C. Villiers (Éd.), *Shaping the Corporate Landscape*. Oxford: Hart Publishing.

Segrestin, B. (2011). Une nouvelle «Modern Corporation»: relecture gestionnaire de l'ouvrage de Berle & Means. *Gérer et comprendre*, *104*, 95-100. ESKA.

Segrestin, B., & Hatchuel, A. (2012). *Refonder l'entreprise*. Paris: Seuil.

Tannenbaum, A. S. (1962). Control in organizations: Individual adjustment and organizational performance. *Administrative science quarterly*, 7(2), 236-257.

Vernac, S. (2012). *Le pouvoir d'organisation : au croisement du droit du travail et du droit des sociétés* (Doctorat). Université Paris Ouest Nanterre La Défense.

Wells, C. (2002). Cycles of corporate social responsibility: An historical retrospective for the twenty-first century. *U. KaN. l. rev.*, *51*, 77.

Zeitlin, M. (1974). Corporate ownership and control: The large corporation and the capitalist class. *American journal of Sociology*, *79*(5), 1073-1119.

Partie III - La mission de l'entreprise responsable au XXIe siècle

Chapitre 5

Les conditions cachées de la RSE : leçons du mouvement des *Profit-with-Purpose Corporations*

Kevin Levillain

Blanche Segrestin

MINES ParisTech, Université PSL
CGS - i^3 UMR CNRS 9217

Introduction

Le courant de la Responsabilité Sociale de l'Entreprise (RSE) figure depuis de nombreuses années parmi les évolutions majeures des normes de gestion dont se saisissent les entreprises pour répondre aux attentes de la société. Face aux défis sociaux, économiques et environnementaux contemporains (inégalités sociales, changement climatique, objectifs du développement durable, etc.), la puissance d'action des entreprises et en particulier leur capacité d'innovation apparaissent de plus en plus cruciales (Margolis & Walsh, 2003; Voegtlin & Scherer, 2017). Les initiatives de RSE, c'est-à-dire l'ensemble des actions mises en place par les entreprises qui visent un intérêt collectif au-delà de leur intérêt économique et de ce qui est exigé par la loi (McWilliams & Siegel, 2001), visent ainsi à répondre à des attentes qui n'ont jamais été aussi élevées. Et pourtant, dans les faits, les entreprises sont toujours mises en cause pour les impacts négatifs de leurs activités. Et leurs capacités à traiter et à résoudre les défis sociaux et environnementaux font l'objet de beaucoup de suspicion.

Les démarches de RSE sont par exemple fragilisées par des exigences de profitabilité croissantes. Selon un récent rapport publié par MacKinsey, 87 % des dirigeants se disent soumis à la pression de démontrer des résultats financiers solides sous deux ans (Barton et al., 2017). Cela affecte particulièrement le cas des investissements en R&D : ceux-ci sont indispensables pour tenter d'aborder des solutions inédites dans le domaine de la santé ou de l'énergie par exemple ; mais dans la mesure où ils mobilisent des capitaux sur des durées longues et que leurs résultats sont incertains, ils peuvent être sacrifiés au profit d'autres stratégies à plus court terme, et plus sûres financièrement (Arora, Belenzon, & Patacconi, 2015; Bower & Paine, 2017) ; Bower & Paine, 2017. Il a été montré par exemple les programmes de rachats massifs d'actions, supérieurs en montant à l'investissement en R&D (Lazonick, 2014), se faisaient au détriment de l'emploi et de l'investissement (Almeida, Fos, & Kronlund, 2016). Les stratégies d'*outsourcing* de la R&D, dans le secteur pharmaceutique notamment, seraient ainsi mieux expliquées par les objectifs de maximisation de la valeur actionnariale que par les gains stratégiques (Driver & Guedes, 2012; Gleadle, Parris, Shipman, & Simonetti, 2014). La part du PIB dédiée à l'investissement, mesuré par la formation brute de capital fixe, a ainsi diminué de 5 points en moyenne entre 1970 et aujourd'hui dans les pays de l'OCDE. Par ailleurs, des cas célèbres comme celui de Ben & Jerry's montrent que les initiatives de RSE entraînent parfois également des coûts qui rendent les entreprises qui les soutiennent plus susceptibles d'offres de rachat hostiles, de la part de repreneurs qui voient dans leur abandon un moyen de réduire les coûts. En définitive, ces stratégies, renforcées par des scandales réguliers (Deepwater Horizon, Rana Plaza, Dieselgate, etc.) minent la confiance du grand public.

Dans ces conditions, les entreprises disposent-elles réellement des moyens pour prendre en charge leur responsabilité sociale ? Si l'innovation sociale ou environnementale suppose des programmes dont la rentabilité est incertaine et de long-terme, alors celle-ci ne risque-t-elle pas de sortir du champ d'opération légitime de l'entreprise ? Faudrait-il acter la fin de la RSE (Fleming & Jones, 2013) et la condamner au «*logical trap*» selon lequel les comportements responsables des entreprises ne pourraient exister qu'à la condition qu'ils soient profitables, ou alors qu'ils soient imposés par la norme législative (Karnani, 2011) ?

L'émergence récente d'un nouveau cadre de droit pourrait démentir cette hypothèse. Depuis 2010, de nouvelles formes juridiques sont apparues dans plusieurs pays, qui permettent aux entreprises d'éviter ce piège de l'intérêt bien compris et de se définir des «*purposes*» qui leur permettent d'engager des démarches authentiques de RSE. Patagonia, DanoneWave, Kickstarter, Plum Organics, D-Orbit… toutes ces entreprises, américaines et italiennes, appartiennent à la catégorie des «sociétés à mission», ou «*Profit-with-Purpose Companies*» en anglais (Prior, Cohen, & Fox, 2014). Elles ont stipulé dans leurs statuts une finalité de nature sociale ou environnementale, additionnelle au but lucratif. En évitant que leur objectif ne soit réductible à la seule recherche de profitabilité, ces statuts juridiques nouveaux visent à protéger les initiatives de RSE.

L'objet de ce chapitre est de passer en revue ces statuts émergents de «société à mission», d'en reconstruire les enjeux et la généalogie, et d'en discuter la portée théorique pour comprendre les limites des approches classiques de la RSE. Dans un premier temps, nous reviendrons sur le modèle général de la société à mission, et sur ses différences par rapport aux modèles usuels de l'entreprise dite

« sociale ». Ensuite, nous détaillerons les limites des cadres de droit commercial usuels qui justifient l'introduction de nouvelles formes juridiques pour des projets socialement innovants. La troisième partie explicitera les principales innovations de gouvernance introduites par le modèle de société à mission pour répondre à ces limites. Enfin, nous montrerons que ce modèle a de profondes implications aussi bien théoriques que pratiques pour continuer à promouvoir les initiatives responsables des entreprises.

L'existence de tels statuts montre en effet que si la RSE peut être fragilisée dans le cadre de droit classique, de nouveaux cadres de droit peuvent être inventés pour protéger des initiatives volontaires à but social ou environnemental. S'il est clairement établi que le cadre juridique joue un rôle majeur dans la prescription de ce qui est légitime et attendu de la part des entreprises en matière de RSE (Aguilera, Filatotchev, Gospel, & Jackson, 2008; Filatotchev & Nakajima, 2014; Matten & Moon, 2008 ; McBarnet, 2007), il apparaît désormais que les projets sociaux et environnementaux de certains dirigeants d'entreprise nécessitent un cadre de droit alternatif, non pas de contrainte ou d'obligation juridique, mais précisément d'une norme qui protège les démarches volontaires et variées des entreprises. Le droit des sociétés à mission permet ainsi à chaque entreprise, si elle le souhaite, de définir son projet d'entreprise et de le protéger juridiquement. Ce faisant, cette innovation juridique apporte un élément qui pourrait devenir central dans la théorie de la société : la qualification d'un *corporate purpose* qui permet effectivement dissocier l'intérêt de la société de l'intérêt des associés.

1. Le modèle des sociétés à mission

Définition de la société à mission

Le terme «*profit-with-purpose company*» a été pour la première fois employé dans le rapport du groupe de travail *mission alignment* au sein de la taskforce *social impact* mise en place sous la présidence britannique du G8 en 2014 (Prior et al., 2014). Il désigne un ensemble de formes juridiques hétérogènes, dont les premières représentantes sont les *Benefit Corporations*, adoptées au Maryland (US) en 2010. Rejointes depuis par les *Social Purpose Corporations* (précédemment *Flexible Purpose*) en Californie (2012) puis les *Public Benefit Corporations* au Delaware (2015) et les *Società Benefit* en Italie (2016), cette catégorie de formes juridique de société a été adoptée début 2018 dans plus de 35 États aux US, et est en discussion dans de nombreux pays dans le monde (France, UK, Brésil, Australie, ...).

Le modèle de « société à mission » repose sur trois traits communs qui permettent de rassembler l'ensemble de ces formes (Levillain, 2015; Prior et al., 2014; Segrestin, Hatchuel, Levillain, & Vernac, 2014) :

- *La définition d'une finalité additionnelle au but lucratif* et qui ne lui est pas réductible. Cette finalité, généralement d'ordre social ou environnemental, peut concerner un impact « général », c'est-à-dire prenant en compte l'ensemble des critères usuels de la RSE, ou une mission « spécifique », c'est-à-dire au périmètre déterminé par l'entreprise.
- *L'engagement des actionnaires et la modification des devoirs du dirigeant.* La finalité doit être dotée d'un caractère légal, c'est-à-dire être exigible et opposable, par exemple en l'intégrant dans les statuts juridiques de la société. Ceci assure ainsi un engagement des actionnaires. Les dirigeants et managers d'une société à mission doivent être tenus au respect de la finalité ainsi définie et être dégagés de l'obligation de répondre aux intérêts exclusivement financiers des associés de la société.
- *Des mécanismes de contrôle, transparence et reddition de comptes.* Enfin, une société à mission doit régulièrement évaluer et rendre compte de son impact, par exemple au travers de la publication de rapports annuels publics qui décrivent les actions entreprises et résultats obtenus sur la finalité choisie.

Des formes variées

En pratique, ce modèle permet de concevoir une variété de formes juridiques avec des ambitions différentes. Les deux formes américaines (*Benefit* et *Social Purpose corporations*, ci-après SPC) illustrent notamment la différence entre une mission de type général, ou « *triple bottom line* », et une mission spécifique. La *Benefit Corporation* impose comme *purpose* commun la réalisation d'un *material public benefit*, c'est-à-dire d'un impact positif tangible de l'activité de l'entreprise sur une liste élargie de parties prenantes. Pour en vérifier la réalisation effective, une *Benefit Corporation* doit évaluer chaque année son impact à l'aune d'un standard d'évaluation tiers, indépendant et exhaustif sur les critères « ESG » (environnement, social, gouvernance) de la RSE. En ce sens, il convient de ne pas confondre la forme juridique de *benefit corporation* avec le label *Certified B Corporation*, qui est l'un des standards d'évaluation qu'une benefit corporation peut utiliser pour rendre compte de son impact.

Pour les SPC au contraire, chaque entreprise peut se doter d'un *special purpose* : par exemple Biocellion, incorporée dans l'État de Washington, s'est donnée pour mission d'accroître la productivité de la recherche et développement dans le domaine des sciences de la vie, tout en réduisant son impact sur les systèmes vivants et l'environnement[1]. GeoCosmo, installée en Californie, s'est donnée pour mission de concevoir un système de détection des tremblements de terre plusieurs jours à l'avance, basé sur la physique des semiconducteurs, et accessible

1 Notre traduction. Voir le site web de l'entreprise : https://biocellion.com/our-vision/.

en open source[2]. Vicarious, également en Californie, souhaite concevoir la prochaine génération d'intelligence artificielle (High, 2016).

Différence entre les sociétés à mission et les entreprises sociales

Les sociétés à mission appartiennent à l'ensemble étudié en sciences sociales des « organisations hybrides » (Battilana, Lee, Walker, & Dorsey, 2012; Battilana, Sengul, Pache, & Model, 2014; Haigh & Hoffman, 2012), c'est-à-dire qui intègrent simultanément des logiques commerciales classiques et des ambitions sociétales généralement perçues comme en conflit les unes avec les autres. Toutefois, elles se distinguent d'une part des entreprises de l'économie sociale et solidaire (ESS), et d'autre part des « entreprises sociales » (Defourny & Nyssens, 2006; Reiser, 2013).

Traditionnellement, le secteur de l'ESS s'est défini par l'adoption par ses organisations de statuts particuliers (association, mutuelle, coopérative, etc.). Or si certains de ces statuts exigent l'inscription juridique d'une mission, ce n'est pas le cas de tous. Inversement, par rapport aux entreprises de l'ESS, le modèle de la société à mission n'exige aucune limitation sur la distribution des bénéfices, ni le respect de principes de gouvernance démocratique (Defourny & Nyssens, 2008). En ce sens, certaines entreprises de l'ESS pourraient, en adoptant des modes de contrôle spécifique à une mission, devenir des cas particuliers d'entreprises à mission.

De même, toutes les entreprises dites « sociales », c'est-à-dire qui combinent une mission sociale avec un fonctionnement lucratif, ne sont pas des entreprises à mission : la plupart d'entre elles n'ont pas procédé à l'inscription juridique de leur mission (par exemple dans leurs statuts), qui assure son opposabilité, et exige des mécanismes de contrôle. Inversement, on pourrait estimer que certaines sociétés à mission ne correspondent pas à la définition stricte de la mission sociale proposée par le champ du social business : « répondre à un besoin social identifié et non couvert par le marché » (Dacin, Dacin, & Tracey, 2011; Dees, 1998). La mission de Vicarious, ci-dessus, peut en être un exemple.

Ce trait juridique de la mission la distingue également des « mission statements » (Leuthesser & Kohli, 1997; Pearce & David, 1987) dont se sont dotées de nombreuses entreprises pour des raisons stratégiques. Ce statut juridique exige en effet d'adopter un nouveau système de gouvernance, et en particulier des règles de contrôle et d'accountability, autour de sa définition.

2 Voir le site internet de l'entreprise : https://geocosmo.com/.

2. Enjeux à l'origine d'une innovation juridique

Les premières formes juridiques de société à mission ont été introduites par aux États-Unis en réponse aux attentes de chefs d'entreprise et entrepreneurs qui portaient des projets socialement innovants, notamment, en Californie, ceux du secteur des *cleantech*. Pourquoi l'introduction d'un nouveau statut de société en droit commercial, fait plutôt rare, est-il apparu nécessaire ? Pour répondre à cette question, nous avons examiné l'ensemble des documents (textes de lois, débats, foires aux questions) émis pendant l'examen des propositions de loi visant l'introduction de formes de société à mission en Californie (entre 2008 et 2012). Nous avons par la suite complété ces informations par des entretiens avec certains des juristes à l'origine de ces formes. Il apparaît que la nécessité d'introduire une nouvelle forme juridique provient des limites structurelles du droit des sociétés classique face aux conditions permettant de mener certains projets sociaux et environnementaux sur le long terme, que nous présentons ici selon quatre enjeux distincts.

Les risques juridiques encourus par les dirigeants socialement responsables

Le premier élément, par ordre d'importance dans l'argumentation, tient aux obligations qui portent sur les dirigeants de respecter les intérêts des actionnaires. En théorie, dans la plupart des législations, le dirigeant est protégé par un principe selon lequel le juge ne peut évaluer *a posteriori* ses décisions, compte tenu de l'incertitude dans laquelle elles ont été prises et de l'incompétence présumée du juge à assumer une fonction de dirigeant. Aux États-Unis[3], ce principe appelé «*Business Judgment Rule*» garantit une présomption de bonne gestion du dirigeant (Bainbridge, 2004). Cependant, cette liberté de décision est contrainte par l'obligation de respecter l'intérêt de la société et de ses membres, en droit américain «*the interest of the corporation and its members*». Ces *Fiduciary Duties* encadrent ainsi fortement la sphère discrétionnaire laissée aux dirigeants.

Si le débat théorique quant à la latitude effectivement laissée au dirigeant par le droit n'est pas tranché (voir par ex. Bainbridge, 2002; Bebchuk, 2005; Yosifon, 2014), en pratique, les conseils juridiques constatent que toute décision prise par le dirigeant que l'on pourrait corréler à une perte de valeur pour l'actionnaire (par exemple un décrochage du cours de bourse) déclenche une opportunité de poursuites judiciaires de la part des actionnaires contre le dirigeant, qui engage sa responsabilité personnelle. Quand bien même ces poursuites ne débouchent pas sur une condamnation, c'est le risque et l'incertitude qu'elles génèrent qui déterminent le comportement des dirigeants (Clark & Babson, 2012; Johnson, 2013).

3 En France, on en trouve par exemple la trace dans le principe jurisprudentiel selon lequel l'employeur est «seul juge».

Pour les promoteurs de la SPC, ce sont ces risques et incertitudes qui engendrent une timidité d'innovation sur les enjeux sociaux et environnementaux. Ils constatent ainsi comment des initiatives telles qu'une valorisation plus équitable (donc plus chère) des ressources employées, ou une étude des impacts environnementaux des activités de l'entreprise peuvent être étouffées pour éviter de créer cette situation de responsabilité. En pratique, défendre un projet de RSE qui dépasse les intérêts de la firme n'est donc envisageable qu'avec l'aval des actionnaires.

La fragilité des engagements volontaires de RSE non soutenus juridiquement

Compte-tenu de la nécessité de s'assurer de l'accord des actionnaires pour poursuivre un objectif socialement responsable, le second argument tient à la difficulté de conserver sur le long terme un tel accord, pour deux raisons principales.

D'abord, dans le cadre usuel de la société à but lucratif, les dirigeants ne disposent d'aucun moyen pour protéger une ambition sociale ou environnementale, dès lors par exemple qu'un changement de contexte économique risque de fragiliser les engagements précédemment pris. L'impossibilité d'ancrer le projet sur le long terme dans le système de gouvernance crée le risque d'une dérive progressive des initiatives responsables vers les seuls intérêts économiques bien compris de la société, notamment sous l'influence de la pression actionnariale. En France, ce constat est encore renforcé par le fait que les investisseurs institutionnels eux-mêmes ne disposent pas toujours du droit de défendre ces initiatives : lorsqu'elles diminuent le retour que les fonds d'investissement peuvent garantir à leurs souscripteurs, ils doivent s'y opposer, en vertu de l'article L533-22 du Code de Commerce (voir les chapitres précédents).

Ensuite, le changement des actionnaires lui-même peut remettre complètement en cause ces mêmes engagements, dès lors que les nouveaux entrants ne partagent pas la même vision (Sandberg, 2011). Cette difficulté est particulièrement exacerbée dans le cas d'un rachat. En effet, les activités de RSE qui ne contribuent pas directement à la formation de résultat diminuent la valorisation de l'entreprise, et augmentent ainsi le risque d'OPA hostile de la part de repreneurs qui s'empresseraient ensuite d'abandonner ces activités pour augmenter le taux de rentabilité.

Aux États-Unis, le risque est encore aggravé par la jurisprudence du Delaware, principal État d'incorporation des sociétés, qui a établi dans les cas *Unocal* (1985) puis *Revlon* (1986) que la maximisation de la valeur des actions doit être le seul critère valable pour déterminer l'issue d'une offre de rachat (Strine, 2014; Yosifon, 2014).

En définitive, les promoteurs des nouvelles formes insistent sur la grande fragilité des dynamiques socialement responsables dans le contexte des sociétés à but lucratif usuelles. Cette fragilité, déjà souvent observée, conduit souvent à rabattre la présentation des initiatives de RSE à un «*business case*» (Carroll & Shabana, 2010; McBarnet, 2007), c'est-à-dire à ne conserver que celles qui apparaissent, in fine, compatibles avec les intérêts financiers de la firme.

L'inadéquation d'un élargissement non contrôlé des devoirs du dirigeants

Face à ces limites, plusieurs modifications juridiques du contenu des devoirs du dirigeant ont déjà été envisagées, de façon à limiter l'influence des actionnaires et à protéger l'intérêt d'autres parties prenantes. Aux États-Unis par exemple, de nombreux États ont adopté dans les années 1980-1990 des *constituency statutes* qui visent à exiger du dirigeant qu'il prenne en compte l'impact de ses décisions sur une variété de parties prenantes (Bainbridge, 1991; Orts, 1992).

Pour l'*American Bar Association* (ABA), qui s'est opposée à l'introduction d'une telle loi dans l'État de Californie en 2008, un tel élargissement des devoirs du dirigeant risque de créer des risques d'opportunisme accru des dirigeants s'il n'est accompagné d'autre mécanismes de reddition de comptes. Selon l'ABA, il permettrait en effet aux dirigeants de justifier d'une classe très élargie de décisions qui mettent en danger non seulement l'intérêt des actionnaires mais aussi celui de l'entreprise, et ce pour toutes les sociétés de l'État. Plusieurs auteurs (Bainbridge, 1991; Keay, 2011) montrent que la difficulté d'interprétation de cet équilibre des devoirs, dans les États où une telle loi a été adoptée, ont incité les cours de justice à ne jamais y avoir recours dans les cas de litiges visant l'intérêt des parties prenantes.

La difficulté est donc de doser finement l'élargissement de la latitude des dirigeants avec l'accroissement des contrôles portant sur leur action. Une formulation trop dépendante des intérêts de l'actionnaire ne suffirait pas à y répondre. Au Royaume-Uni, le droit des sociétés a été modifié en 2006 pour y intégrer l'idée que le dirigeant doit prendre en compte les intérêts de nombreuses autres parties prenantes, *pour répondre à l'intérêt de la société et de ses associés* (*Company Act*, section 172). Pour Keay (2011), une telle formulation ne libère pas les dirigeants de l'emprise de l'intérêt actionnarial, et aurait ainsi peu de chances de favoriser les projets qui contreviendraient localement à ces intérêts.

La difficulté de concilier engagements volontaires et mécanismes d'opposabilité

Enfin, le dernier argument concerne la difficulté à rendre exigibles les engagements de RSE dans le cadre juridique actuel. Les concepteurs des formes de sociétés à mission soulignent en effet la difficulté de résoudre le problème du *greenwashing* (ou éco-blanchiment), c'est-à-dire la pratique consistant à rendre public des engagements responsables pour bénéficier de la réputation associée sans les respecter par la suite (Laufer, 2003).

Malgré la transformation de plus en plus courante des désaccords sur le respect des engagements de RSE en litiges juridiques, c'est aujourd'hui essentiellement sur la pression de la société civile que repose la vérification de l'authenticité des engagements pris, les moyens juridiques à disposition pour ce faire étant relativement réduits (McBarnet, 2007). Plusieurs propositions pour résoudre cette inopposabilité ont été avancées par les tenants d'une vision partenariale de la gouvernance d'entreprise, par exemple en introduisant des parties prenantes dans les conseils de surveillance des entreprises (Kay & Silberston, 1995), dans les conseils d'administration (Greenfield, 2007), ou en créant un droit supplémentaire à poursuivre la société pour «*breach of stakeholder approach*» (Keay, 2010, p. 294). Cette approche fait cependant l'objet de plusieurs critiques : d'un côté, plusieurs auteurs soulignent la divergence qui persiste quant à la bonne définition à adopter de la liste des parties prenantes (Keay, 2010; Orts & Strudler, 2010), qui pourrait être variable d'une entreprise à l'autre, et la difficulté d'en représenter certaines (environnement, générations futures...). De l'autre côté, cette voie suscite le risque d'organiser une négociation portant sur les intérêts privés des groupes de parties représentés, sans parvenir à faire émerger d'intérêt collectif qui ne se ramène pas à un intérêt bien compris (Levillain, Hatchuel, & Segrestin, 2012). Notons par ailleurs qu'une telle modification du droit est souvent perçue comme créant un risque juridique élevé, du fait qu'elle entraînerait des conséquences sur l'ensemble des entreprises. C'est l'un des arguments ayant conduit au véto de la proposition de *constituency statute* en Californie en 2008.

Une autre approche pour contrôler et rendre opposable les engagements de RSE consisterait à s'appuyer sur des standards extérieurs de responsabilité, voire à introduire le contenu attendu d'une politique de RSE substantiellement dans le droit. Cependant, une telle approche risquerait de brider le caractère innovant des projets sociaux et environnementaux portés par certains dirigeants, notamment ceux qui visent à régénérer les critères de ce qui est considéré comme social ou environnemental. Pour les promoteurs de la SPC, une telle option, contradictoire avec le sens même des engagements socialement responsables, risquerait ainsi de conduire à une réduction de la capacité à mener des projets collectifs innovants, plutôt qu'à permettre de nouvelles initiatives sociales et environnementales.

3. Un nouveau modèle de gouvernance construit autour de la mission

Face aux limites des cadres juridiques existant pour répondre aux enjeux de la RSE, les nouvelles formes juridiques s'appuient sur l'introduction explicite dans les statuts d'un nouvel objet pour le droit commercial: la notion de «mission». Celle-ci permet en effet de renouveler les mécanismes de gouvernance permettant de protéger les initiatives de RSE.

La mission clarifie le mandat de gestion

Pour favoriser les engagements sociaux et environnementaux, le premier enjeu des juristes était de mieux contrôler le risque de «*breach of fiduciary duties*» des dirigeants à l'égard des intérêts de l'actionnaire. Pour cela, la mission offre une réponse originale: plutôt que d'étendre l'assiette des intérêts auxquels les dirigeants doivent répondre en intégrant ceux, potentiellement divergents, d'un ensemble plus large de parties prenantes, celle-ci précise les contours de leur espace discrétionnaire, en explicitant à travers l'expression du *purpose* quel est «l'intérêt social» auquel le management contribue. En effet, l'approbation par les actionnaires de cette finalité, inscrite dans les statuts, explicite que l'intérêt de ces derniers ne saurait se limiter à la maximisation de leur retour financier, tout en ne remettant pas en cause leurs droits.

De fait, le dirigeant prenant des décisions dans le sens de cette finalité approuvée par les actionnaires ne peut alors plus être poursuivi pour manquement à ses obligations fiduciaires. Un document du groupe de travail sur la SPC, présentant le *special purpose* comme un «*safe harbor*» pour le dirigeant, explique ainsi que les dirigeants sont «protégés, lors de leur prise de décision, pour tout compromis entre la rentabilité et le *special purpose* adopté».

Pour ces juristes, l'élargissement de la latitude des dirigeants aurait donc pour bonne propriété de protéger les projets innovants ou «créatifs» en supprimant le risque judiciaire et en éclaircissant les conditions d'exercice de la *Business Judgment Rule*. Dans le même temps, le dirigeant se voit toujours confié un mandat de gestion précis, répondant ainsi aux critiques craignant que l'affaiblissement du «*corporate objective*» ne laisse les dirigeants face à un critère de performance flou et inopérant (Jensen, 2001; Sundaram & Inkpen, 2004).

Le mission-lock stabilise les engagements RSE au-delà du changement d'actionnaires

L'engagement juridique exigé de la part des actionnaires permet également de lutter contre la fragilité des initiatives volontaires sociales et environnementales, qui pouvaient être facilement remises en cause par un changement d'actionnariat, de dirigeant, ou lors d'une remise en cause de leur pertinence face à un changement de contexte économique.

Le statut juridique de la mission lui confère en effet ainsi d'une part une durabilité sur le moyen terme, notamment en exigeant que sa modification ou sa suppression, y compris dans le cas d'un rachat, soit approuvée par au moins deux tiers des actionnaires de chaque classe d'actions. Ce principe permet notamment de légitimer le refus d'une offre de rachat sans laisser soupçonner de conflit d'intérêts au niveau des dirigeants. Le cas emblématique du rachat de Ben & Jerry's par exemple, aurait pu connaître une issue différente grâce à ce statut juridique si un tiers des investisseurs alors au capital s'y étaient opposés. Même sans évoquer le cas d'un changement d'actionnariat, l'inscription statutaire permet d'ancrer l'engagement y compris en cas de changement de conjoncture économique, et ainsi de préserver la capacité à investir sur des initiatives innovantes de long terme, y compris lorsqu'une part minoritaire des actionnaires change d'avis. À noter qu'un principe de «*dissenter's rights*» permet cependant, dans certains États, aux actionnaires minoritaires en désaccord avec la modification statutaire proposée lors de la transformation de la société en SPC de quitter la société contre un prix «juste» de leurs actions.

L'engagement des actionnaires apparaît ainsi comme la condition clé de la crédibilité des engagements de RSE non réductibles à un «*business case*»: d'un côté il protège la capacité des dirigeants à tenir leurs engagements volontaires et réduit ainsi le risque d'injonctions contradictoires; de l'autre côté il permet à une minorité d'actionnaires de s'assurer du respect de la mission sur le long terme, et de lutter contre la fragilité ouverte vis-à-vis d'offres d'achat de la part de repreneurs qui verraient dans l'abandon des engagements volontaires une réserve supplémentaire de profits.

Une procédure spécifique de contrôle des dirigeants

Troisième conséquence enfin, le statut assure un contrôle adapté des dirigeants. L'explicitation d'un *purpose* permet en effet la conception de moyens de contrôle et de reddition de comptes adaptés à un objectif non financier. Par rapport aux risques créés par un élargissement mal maîtrisé de la latitude des dirigeants, la proposition de société à mission s'accompagne de nouvelles obligations de *reporting* portant sur la mission, et comprenant par exemple la déclinaison de la mission en objectifs opérationnels mesurables. Dans le cas de la SPC, le rapport prend la forme d'un rapport de gestion annuel, accompagné de notes ponctuelles lorsqu'une décision nécessite un compromis entre le *purpose* et la rentabilité financière au cours de l'exercice. Pour les promoteurs de la SPC, ces exigences permettraient ainsi de lutter efficacement contre le *greenwashing* et également de donner aux actionnaires l'information nécessaire à déterminer si le dirigeant agit effectivement dans le sens de sa mission, ou bien ne fait que gaspiller le retour financier. La *Benefit Corporation* prévoit en outre dans certains États la mise en place de *benefit officers*, qui porteraient auprès du conseil d'administration la responsabilité de la performance de l'entreprise sur sa mission.

Un common purpose laissé libre, mais spécifié pour être enforceable

Enfin, le recours à un *purpose* permet de répondre à la contradiction entre caractère volontaire des engagements de RSE et volonté de contrôler le «*greenwashing*» associé. D'une part, le statut de société à mission reste un choix volontaire de la part des dirigeants et actionnaires. Le statut de SPC permet même de définir un *purpose* spécifique à chaque entreprise, préservant ainsi la liberté de choix des engagements propre aux démarches de RSE. Il est ainsi possible d'y inclure une approche «*stakeholder*» de la RSE, en construisant le *purpose* qui correspond aux intérêts de l'ensemble des parties prenantes de l'entreprise, ou au contraire de se mettre d'accord sur un périmètre *ad hoc* des devoirs incombant au dirigeant au travers d'une formulation spécifique du *purpose*. Les exemples de Geocosmo ou Vicarious illustrent ce point: dans une dynamique d'innovation, leur mission ne désigne pas les intérêts existants des parties prenantes de l'entreprise, mais l'ambition de concevoir des produits et services innovants au travers du développement de nouveaux savoirs et potentiels communs.

Dans les deux cas cependant, le statut juridique de ce *purpose* lui confère, dès qu'il est adopté, un caractère «doublement» opposable[4], c'est-à-dire la possibilité pour certains acteurs d'exiger que cette mission soit mieux prise en compte dans les décisions de gestion, en particulier pour contrer d'éventuelles pressions de la part d'autres actionnaires, ou un comportement opportuniste des dirigeants. D'un côté, le dirigeant peut mobiliser la mission acceptée par les actionnaires pour refuser une injonction stratégique qui irait contre le projet collectif et ainsi protéger sa latitude; de l'autre côté, les actionnaires, et dans certains cas les parties prenantes, peuvent exiger du dirigeant qu'il prenne en compte la mission statutaire sous peine de lui reprocher une faute de gestion.

Il s'agit ainsi d'un objet hybride, qui intègre à la fois un caractère volontaire, et des engagements de nature juridique. Dans le cas des formes américaines, cette opposabilité est néanmoins très largement limitée par le droit, qui ne permet qu'à un ensemble d'actionnaires regroupant au moins 5% des actions d'intenter une poursuite contre la société pour non-respect de sa mission. Les promoteurs de la SPC s'y opposent même tout à fait, afin de ne pas créer de contraintes supplémentaires sur le dirigeant, de façon cohérente avec leur volonté d'accroître

4 L'expression est empruntée à Me Errol Cohen, avocat au barreau de Paris.

sa capacité à mener des projets créatifs. Mais au-delà des formes américaines, le recours à une finalité, dont les modalités de définition peuvent également être discutées (initiative des dirigeants ou de l'assemblée générale, accord nécessaire des salariés, procédures d'approbation ou de modification…), permet de soutenir de nouveaux moyens de tenir compte d'un intérêt collectif, voire de l'intérêt général, et d'y engager l'entreprise.

4. La mission : condition d'un engagement dans des initiatives responsables

L'analyse des enjeux à l'origine de l'introduction des sociétés à mission en droit montre que cette innovation ne vient pas s'opposer au mouvement de la responsabilité sociale des entreprises. Au contraire, elle vient soutenir ces initiatives en développant un cadre juridique qui protège les projets sociaux et environnementaux les plus innovants. Ce constat entraîne deux implications théoriques et pratiques quant à l'intérêt du modèle de la mission face aux enjeux contemporains de la gouvernance d'entreprise : d'une part, il apparaît nécessaire de penser les évolutions du cadre juridique pour protéger les initiatives managériales relevant d'un intérêt collectif, et d'autre part, la mission devient une pierre angulaire des modèles théoriques de la firme visant à séparer l'intérêt de l'entreprise de l'intérêts des apporteurs de capitaux.

Un nouvel enjeu pour le législateur : concevoir les conditions juridiques de la RSE

Malgré la variété des définitions et des cadres théoriques mobilisés pour modéliser les initiatives de responsabilité sociale menées par les entreprises depuis plusieurs dizaines d'années, un point commun de ces définitions est de considérer ces initiatives comme relevant d'engagement pris en dehors du cadre juridique (« *beyond the law* ») (Carroll, 1999; Crane, McWilliams, Matten, Moon, & Siegel, 2008; McWilliams & Siegel, 2001), et *a priori* compatibles avec celui-ci.

De nombreux travaux ont montré les interactions fortes qui existent entre le cadre normatif (éthique, constitutionnel, juridique, etc.) dans lequel les entreprises exercent leur activité et le type d'engagement social qu'elles prennent (Aguilera et al., 2008; Filatotchev & Nakajima, 2014; Gond, Kang, & Moon, 2011; Matten & Moon, 2008; Voiculescu, McBarnet, & Campbell, 2007). Pour certaines d'entre elles, il est même d'usage de mobiliser certains dispositifs juridiques (contrats, normes internationales) pour renforcer ces engagements de RSE (Albareda, 2008; Brabet, 2010; Capron & Quairel, 2010). Cependant, aucun de ces usages ne semble être pris en défaut par le droit : la plupart du temps l'interaction est implicite, au mieux elle favorise la responsabilité sociale.

Pourtant, l'expérience des juristes à l'origine de ces nouvelles formes semble remettre en question la certitude de cette compatibilité. Pour ceux-ci, certaines dispositions du droit des sociétés et de la jurisprudence favoriseraient au contraire des comportements averses aux risques générés par la poursuite d'objectifs non directement alignés avec l'intérêt financier des actionnaires. Cette influence expliquerait d'ailleurs la profusion des arguments tentant de justifier la valeur *économique* de la RSE pour favoriser son développement : dans les litiges où la loyauté des dirigeants vis-à-vis des intérêts des actionnaires est mise en question, c'est systématiquement l'intérêt à long terme des actionnaires qui est invoqué pour justifier les décisions prises (McBarnet, 2007). Autrement dit, il est nécessaire de défendre le « *business case* » de la RSE pour la légitimer. Or ce recours au *business case* introduit un biais problématique lorsque le compromis entre responsabilité sociale ou éthique, et efficacité économique, est inévitable.

L'introduction de formes de sociétés à mission dans le droit alimente cette interprétation : les *conditions juridiques* ne seraient pas systématiquement réunies pour que les entreprises puisent défendre des initiatives de RSE, en particulier contre les intérêts à court terme de leurs actionnaires.

Les conséquences de cette hypothèse sont majeures : cela confirme d'une part que les conditions d'exercice de la RSE ne peuvent s'apprécier indépendamment des cadres institutionnels et juridiques (Aguilera et al., 2008; Filatotchev & Nakajima, 2014), et appelle d'autre part *non pas à proposer une nouvelle interprétation* du cadre juridique, mais bien *reconcevoir le cadre juridique lui-même* permettant de faciliter certaines initiatives socialement innovantes jusqu'ici dissuadées. On peut alors interpréter cette proposition comme la recherche des conditions juridiques qui permettent de maintenir un engagement volontaire de type RSE dans la durée.

Parmi ces conditions, le modèle des sociétés à mission en souligne deux qui apparaissent cruciales : d'une part, l'explicitation du projet de l'entreprise permet de découpler rigoureusement l'intérêt des actionnaires (qui ont constitué le contrat de *société*, et dont la distinction avec l'intérêt *social* était jusqu'ici problématique) du mandat de gestion confié au dirigeant qui doit agir dans un intérêt collectif défini au niveau de l'entreprise. Par définition, l'enjeu de la RSE se situe bien au-delà des seuls intérêts des actionnaires, qui peuvent être considérés comme l'une des parties prenantes de l'entreprise. La RSE devient alors partie intégrante du mandat de gestion et ne peut plus être considérée contradictoire avec celui-ci. D'autre part, l'engagement des actionnaires apparaît comme le verrou d'ordre juridique nécessaire à protéger ces initiatives. C'est en effet à cette condition que les engagements de RSE ne seront pas remis en question dès le premier changement d'actionnaires, ou de conjoncture économique. Au-delà, la mise en place de procédures d'*accountability* et de contrôle permet d'assurer la crédibilité de ces engagements, aujourd'hui sujets à suspicion du fait des pratiques répandues de «*greenwashing*».

Il reste que les *Benefit corporations*, PBC et SPC n'apparaissent que comme trois formes possibles d'un nouveau cadre juridique favorisant les démarches de RSE, qui ont certaines limites, notamment face à un cadre juridique non américain. On peut regretter par exemple que le respect de la mission ne soit pas davantage contrôlé que par la publication d'un rapport écrit par l'entreprise elle-même, ou que les parties prenantes non actionnaires ne soient pas davantage intégrées dans la gouvernance de la mission. Cela ouvre donc un enjeu aussi bien théorique à modéliser les conditions juridiques des engagements sociaux et environnementaux, que politique à concevoir les nouveaux cadres juridiques adaptés. Le dernier chapitre de cet ouvrage s'attachera notamment à proposer un modèle plus général permettant de définir les modalités de gouvernance adaptées aux attentes contemporaines en matière de responsabilité des entreprises.

Le *purpose* : la pièce manquante de la théorie de la société ?

Au niveau théorique, cette innovation renouvelle également le modèle de la société elle-même, au sens juridique.

De manière parallèle au développement des pratiques et cadres théoriques de la RSE, la théorie des parties prenantes a en effet également conduit à un débat sur la nature juridique de la société. Face à la théorie de l'agence, dominant le champ de la gouvernance de l'entreprise, de nombreux chercheurs ont développé un modèle alternatif, celui de la « *Team Production* » (Blair & Stout, 1999). Là où la théorie de l'agence décrit l'entreprise comme une fiction juridique constituée par un nœud de contrat, pour laquelle la maximisation de la valeur actionnariale serait le seul objectif permettant de répondre à l'intérêt de toutes les parties entrant en relation avec la société, le modèle *Team Production* reprend une vision ancienne de la société comme « *real entity* » (Avi-Yonah, 2005) pour défendre que l'intérêt social ne se confond pas avec celui des actionnaires, et ainsi promouvoir l'intérêt de parties prenantes plus larges et défendre l'obligation de responsabilité sociale des entreprises.

Cette vision est fondée théoriquement sur le concept de *corporation* comme entité différente de l'agrégat de ses parties constituantes, dont l'existence repose sur la reconnaissance en droit d'une « *Separate Legal Entity* » (Biondi, Canziani, & Kirat, 2008; Keay, 2008; Pickering, 1968; Veldman & Willmott, 2013) qui lui donne une existence légale. Cette existence séparée permet de justifier la différence entre propriété des parts et distribution des droits de contrôle, et ainsi de confier ces derniers au conseil d'administration avec le devoir, en tant qu'ils agiraient dans l'intérêt la société personne morale, de prendre en compte l'intérêt d'une variété de parties prenantes dans l'exercice de leur décisions (Blair & Stout, 1999; Lan & Heracleous, 2010; Lipton & Rowe, 2007).

Ce modèle alternatif, qui jouit d'une popularité croissante dans le champ de la gouvernance d'entreprise du fait qu'il permet d'opposer un modèle crédible face à la théorie de l'agence, justifie ainsi la responsabilité sociale des entreprises par une réinterprétation du droit. Pourtant, sans une formulation substantive de l'intérêt de la «*corporation*», il demeure difficile de lui donner un contenu différent de l'intérêt des actionnaires (Levillain et al., 2018, à paraître) : tant que les actionnaires restent les seuls porte-parole de l'intérêt de la société, celui risque alors d'être systématiquement rabattu sur une interprétation exclusivement financière, à moins qu'ils ne spécifient eux-mêmes un autre objectif.

La conceptualisation du *purpose* pourrait alors introduire une pièce manquante pour le puzzle des théories de la société. Plutôt que de rejeter le modèle théorique de la *Team Production*, la reconnaissance d'une finalité explicite et intégrée aux statuts permettrait de le compléter, en donnant corps à la séparation entre l'intérêt de la société et celui des actionnaires. La spécification du *purpose* permet ainsi d'éviter que le projet d'entreprise ne soit ainsi assimilé aux intérêts des actionnaires, et restaure l'autonomie de l'entreprise et de son dirigeant nécessaire à répondre à ces engagements.

Conclusion

L'adoption des nouvelles formes juridiques de société à mission ouvre une voie nouvelle pour traiter des problématiques de RSE, qui vise à régénérer des capacités d'engagement social et environnemental pour les entreprises, engagement plus que jamais crucial face aux défis actuels. Elle constitue une recherche inédite des conditions juridiques pour permettre aux entreprises de rendre crédible et de protéger leurs engagements sociaux sur le long terme, malgré la volatilité de leur actionnariat. La mission apparaît alors comme une variable de gouvernance originale, qui permet de séparer intérêt des actionnaires et mandat de gestion, et donne ainsi corps, au sein du droit des sociétés, au projet de l'entreprise, orienté vers un large nombre de parties prenantes.

La «raison d'être» de l'entreprise ne saurait pourtant pas se limiter à ses enjeux de responsabilité sociale. Au-delà d'un outil de protection des initiatives de RSE, la mission porte bien souvent, pour les entreprises qui l'ont définie, leur enjeu stratégique, y compris d'innovation. Ainsi l'objectif de concevoir une nouvelle forme d'intelligence artificielle ou un système de détection de tremblements de terre exige le développement d'une innovation de rupture, pour un intérêt général, non limité aux intérêts privés de certaines parties prenantes. Le *purpose* offrirait ainsi une possibilité d'inscrire l'enjeu d'innovation au cœur même de l'intérêt social et de constituer ainsi une sorte «d'engagement à innover». Mais comment se traduit alors le modèle de gouvernance lorsque l'ambition inscrite dans le *purpose* est innovante ? Quels mécanismes de gouvernance, de contrôle et d'*accountability* permettraient d'y étendre la crédibilité offerte aux initiatives de RSE ? C'est une question encore ouverte et qui appelle de nouvelles recherches.

Le modèle des sociétés à mission laisse dans tous les cas entrevoir le droit comme un cadre à concevoir pour mener un projet collectif, plutôt que comme une variable de décision liée aux avantages et contraintes réglementaires et fiscales. Dans l'optique de renouveler les pratiques de RSE, le droit devrait ainsi de plus en plus être considéré comme une variable de contingence des théories de l'entreprise que comme un cadre général immuable. Face aux défis sociaux et environnementaux, prendre le cadre juridique comme un objet à concevoir pour l'adapter aux innovations responsables, davantage que comme un terrain de jeu qui s'impose ouvre de nouvelles perspectives pour la RSE.

Références

Aguilera, R. V., Filatotchev, I., Gospel, H., & Jackson, G. (2008). An organizational approach to comparative corporate governance: Costs, contingencies, and complementarities. *Organization science, 19(3)*, 475-492.

Albareda, L. (2008). Corporate responsibility, governance and accountability: from self-regulation to co-regulation. *Corporate Governance: The international journal of business in society, 8(4)*, 430-439.

Almeida, H., Fos, V., & Kronlund, M. (2016). The real effects of share repurchases. *Journal of Financial Economics, 119(1)*, 168-185.

Arora, A., Belenzon, S., & Patacconi, A. (2015). *Killing the golden goose? The decline of science in corporate R&D.* National Bureau of Economic Research.

Avi-Yonah, R. S. (2005). The cyclical transformations of the corporate form: a historical perspective on corporate social responsibility. *Del. J. Corp. l., 30*, 767-808.

Bainbridge, S. M. (1991). Interpreting Nonshareholder Constituency Statutes. Pepperdine *Law Review, 19*, 971-1025.

Bainbridge, S. M. (2002). Director primacy: The means and ends of corporate governance. *Nw. UL Rev., 97*, 547-606.

Bainbridge, S. M. (2004). Business Judgment Rule as Abstention Doctrine, *The. Vand. L. Rev., 57*, 83-130.

Barton, D., Manyika, J., Koller, T., Palter, R., Godsfall, J., & Zoffer, J. (2017). Measuring the Economic Impact of Short-Termism. Consulté à l'adresse https://www.mckinsey.com/~/media/McKinsey/Global%20Themes/Long%20term%20Capitalism/Where%20companies%20with%20a%20long%20term%20view%20outperform%20their%20peers/MGI-Measuring-the-economic-impact-of-short-termism.ashx

Battilana, J., Lee, M., Walker, J., & Dorsey, C. (2012). In search of the hybrid ideal. *Stanford Social Innovation Review, 10(3)*, 50-55.

Battilana, J., Sengul, M., Pache, A., & Model, J. (2014). Harnessing productive tensions in hybrid organizations: The case of work integration social enterprises. *Academy of Management Journal, 58(6)*, 1658-1685.

Bebchuk, L. A. (2005). The case for increasing shareholder power. *Harvard Law Review, 18(3),* 833-914.

Biondi, Y., Canziani, A., & Kirat, T. (2008). *The firm as an entity: Implications for economics, accounting and the law.* Routledge.

Blair, M. M., & Stout, L. A. (1999). A team production theory of corporate law. *Virginia Law Review, 85(2),* 247-328.

Bower, J. L., & Paine, L. S. (2017). The Error at the Heart of Corporate Leadership. *Harvard Business Review 95(3)*, 50-60.

Brabet, J. (2010). Le champ conteste de la responsabilité sociale des entreprises. *Revue internationale de psychosociologie et de gestion des comportements organisationnels, 16(38),* 31-41.

Capron, M., & Quairel, F. (2010). *La responsabilité sociale d'entreprise*. Paris: La Découverte.

Carroll, A. B. (1999). Corporate Social Responsibility: Evolution of a Definitional Construct. *Business & Society, 38(3),* 268-295.

Carroll, A. B., & Shabana, K. M. (2010). The Business Case for Corporate Social Responsibility: A Review of Concepts, Research and Practice. International *Journal of Management Reviews, 12(1),* 85-105.

Clark, W. H. J., & Babson, E. K. (2012). How Benefit Corporations are redefining the purpose of business corporations. *Wm. Mitchell L. Rev., 38(2),* 817.

Crane, A., McWilliams, A., Matten, D., Moon, J., & Siegel, D. (2008). The corporate social responsibility agenda. In *The Oxford Handbook of Corporate Social Responsibility*, 3-15.

Dacin, M. T., Dacin, P. A., & Tracey, P. (2011). Social Entrepreneurship: A Critique and Future Directions. *Organization Science, 22(5)*, 1203-1213.

Dees, J. G. (1998). The meaning of social entrepreneurship. Comments and suggestions contributed from the Social Entrepreneurship Funders Working Group, 6pp. Consulté à l'adresse http://www.redalmarza.com/ing/pdf/TheMeaningofSocialEntrepreneurship.pdf

Defourny, J., & Nyssens, M. (2006). Defining Social Enterprise. In *Social Enterprise, At the crossroads of market, public policies and civil society*. London & New york: Routledge.

Defourny, J., & Nyssens, M. (2008). Social enterprise in Europe: recent trends and developments. *Social enterprise journal, 4(3)*, 202-228.

Driver, C., & Guedes, M. J. C. (2012). Research and development, cash flow, agency and governance: UK large companies. *Research Policy, 41(9)*, 1565-1577.

Filatotchev, I., & Nakajima, C. (2014). Corporate governance, responsible managerial behavior, and corporate social responsibility: Organizational efficiency versus organizational legitimacy? *The Academy of Management Perspectives, 28(3)*, 289-306.

Fleming, P., & Jones, M. (2013). *The end of corporate social responsibility: Crisis and critique*. Sage.

Gleadle, P., Parris, S., Shipman, A., & Simonetti, R. (2014). Restructuring and innovation in pharmaceuticals and biotechs: The impact of financialisation. *Critical Perspectives on Accounting, 25(1)*, 67-77.

Gond, J.-P., Kang, N., & Moon, J. (2011). The government of self-regulation: On the comparative dynamics of corporate social responsibility. *Economy and Society, 40(4)*, 640-671.

Greenfield, K. (2007). Defending Stakeholder Governance. *Case W. Res. L. Rev., 58*, 1043-65.

Haigh, N., & Hoffman, A. J. (2012). Hybrid organizations. *Organizational Dynamics, 41(2)*, 126-134.

High, P. (2016, avril 11). Vicarious Is The AI Company That Includes Zuckerberg, Bezos, Musk, And Thiel As Investors. *Forbes*. Consulté à l'adresse https://www.forbes.com/sites/peterhigh/2016/04/11/vicarious-is-the-ai-company-that-includes-zuckerberg-bezos-musk-and-thiel-as-investors/

Jensen, M. C. (2001). Value Maximization, Stakeholder Theory, and the Corporate Objective Function. *European Financial Management, 7(3)*, 297-317.

Johnson, L. (2013). Unsettledness in Delaware Corporate Law: Business Judgment Rule, Corporate Purpose. *Del. J. Corp. L., 38*, 405-637.

Karnani, A. (2011). CSR Stuck in a Logical Trap. *California Management Review, 53(2)*, 105-111.

Kay, J., & Silberston, A. (1995). Corporate Governance. *National Institute Economic Review, 153(1)*, 84-107.

Keay, A. (2008). Ascertaining The Corporate Objective: An Entity Maximisation and Sustainability Model. *Modern Law Review, 71(5)*, 663-698.

Keay, A. (2010). Stakeholder theory in corporate law: has it got what it takes? *Richmond Journal of Global Law and Business, 9(3)*, 249-300.

Keay, A. (2011). Moving Towards Stakeholderism? Constituency Statutes, Enlightened Shareholder Value, and More: Much Ado About Little? *European Business Law Review, 22(1)*, 1-49.

Lan, L. L., & Heracleous, L. (2010). Rethinking Agency Theory : the View from the Law. *Academy of Management Review, 35(2)*, 294-314.

Laufer, W. S. (2003). Social Accountability and Corporate Greenwashing. *Journal of Business Ethics, 43(3)*, 253-261.

Lazonick, W. (2014). Profits without Prosperity. *Harvard Business Review, 92(9)*, 46-55.

Leuthesser, L., & Kohli, C. (1997). Corporate identity: The role of mission statements. *Business Horizons, 40(3)*, 59-66.

Levillain, K. (2015). *Les entreprises à mission : Formes, modèle et implications d'un engagement collectif* (Doctorat). MINES ParisTech, PSL Research University.

Levillain, K., Hatchuel, A., & Segrestin, B. (2012). L'impensé de la RSE : la révision du cadre légal de l'entreprise. *Revue française de gestion, 38(228-229)*, 185-200.

Levillain, K., Parker, S., Ridley-Duff, R., Segrestin, B., Veldman, J., & Willmott, H. (forthcoming). Protecting long-term commitment: legal and organizational means. In Driver C. & Thomson G. (Eds.), *The Future of Corporate Governance*, Oxford University Press. Driver C. & Thomson G.

Lipton, M., & Rowe, P. K. (2007). The Inconvenient Truth About Corporate Governance: Some Thoughts On Vice-Chancellor Strine's Essay. *Journal of Corporation Law, 33(1)*, 63-71.

Margolis, J. D., & Walsh, J. P. (2003). Misery loves companies: Rethinking social initiatives by business. *Administrative Science Quarterly, 48(2)*, 268-305.

Matten, D., & Moon, J. (2008). « Implicit » and « Explicit » CSR: A Conceptual Framework for a Comparative Understanding of Corporate Social Responsibility. *The Academy of Management Review, 33(2)*, 404-424.

McBarnet, D. (2007). Corporate social responsibility beyond law, through law, for law. In Voiculescu, A., McBarnet, D., Campbell, T. (Eds.). *The new corporate accountability: Corporate social responsibility and the law*, Cambridge University Press. Voiculescu, A., McBarnet, D., Campbell, T.

McWilliams, A., & Siegel, D. (2001). Corporate Social Responsibility: A Theory of the Firm Perspective. *The Academy of Management Review, 26(1)*, 117-127.

Orts, E. W. (1992). Beyond Shareholders: Interpreting Corporate Constituency Statutes. *George Washington Law Review, Vol. 14(1)*, 14-135.

Orts, E. W., & Strudler, A. (2010). Putting a Stake in Stakeholder Theory. *Journal of Business Ethics, 88(S4)*, 605-615.

Pearce, J. A., & David, F. (1987). Corporate Mission Statements: The Bottom Line. *Academy of Management Executive, 1(2)*, 109-115.

Pickering, M. A. (1968). The Company as a Separate Legal Entity. *The Modern Law Review, 31(5)*, 481-511.

Prior, C., Cohen, S. R., & Fox, T. (2014). Profit-with-Purpose Businesses - Subject paper of the Mission Alignment Working Group. Social Impact Investment Taskforce, G8. Consulté à l'adresse http://www.socialimpactinvestment.org/reports/Mission%20Alignment%20WG%20paper%20FINAL.pdf

Reiser, D. B. (2013). Theorizing Forms of Social Enterprise. *Emory Law Journal, 62*, 681-738.

Sandberg, J. (2011). Socially Responsible Investment and Fiduciary Duty: Putting the Freshfields Report into Perspective. *Journal of Business Ethics, 101(1),* 143-162.

Segrestin, B., Hatchuel, A., Levillain, K., & Vernac, S. (2014). « L'objet social étendu » : une voie pour réaligner le droit et la théorie des parties prenantes. *Finance Contrôle Stratégie, 17(3),* 47-67.

Strine, L. E. (2014). Making It Easier for Directors to Do the Right Thing. *Harv. Bus. L. Rev., 4,* 235-254.

Sundaram, A. K., & Inkpen, A. C. (2004). The Corporate Objective Revisited. *Organization Science, 15(3)*, 350-363.

Veldman, J., & Willmott, H. (2013). What is the corporation and why does it matter? *M@n@gement, 16(5)*, 605-620.

Voegtlin, C., & Scherer, A. G. (2017). Responsible innovation and the innovation of responsibility: Governing sustainable development in a globalized world. *Journal of Business Ethics, 143(2)*, 227-243.

Voiculescu, A., McBarnet, D., & Campbell, T. (2007). *The new corporate accountability: Corporate social responsibility and the law.* Cambridge University Press.

Yosifon, D. G. (2014). The Law of Corporate Purpose. *Berkeley Business Law Journal, 10,* 181-230.

Chapitre 6

L'entreprise en France et en Allemagne : divergences actuelles et convergences futures

Armand Hatchuel[1]

MINES ParisTech, Université PSL
CGS - i³ UMR CNRS 9217

Résumé

Au cœur de l'Europe, en France et en Allemagne, on trouve des conceptions opposées de ce qu'est une entreprise. En France, domine un modèle de gouvernance actionnariale, tempéré par un dirigeant aux pouvoirs étendus et un code du travail protecteur. L'Allemagne s'en éloigne fondamentalement avec la codétermination entre actionnaires et salariés. D'où viennent de telles divergences ? Elles ne résultent pas d'idéologies économiques nationales opposées. Elles s'enracinent dans des visions différentes de la science, de l'ingénieur, du travail et de l'autorité qui ont été élaborées bien avant que l'entreprise moderne n'apparaisse à la fin du XIXe siècle. Aujourd'hui, ces deux modèles subissent des épreuves importantes, celle de la mondialisation financière et celle de la responsabilité sociale et environnementale. Elles imposent des évolutions dans les deux pays. S'ouvre donc, selon nous, la voie vers une conception renouvelée de l'entreprise (Segrestin & Hatchuel, 2012) et la création d'« entreprises à mission » (Levillain, 2017) (*profit and purpose company*). Ces deux avancées pourraient servir de cadre commun à un modèle européen d'entreprise, vers lequel chacun pourrait converger à partir des spécificités de son histoire.

Depuis la fin des années 70, on assiste à un processus de normalisation idéologique du discours sur l'économie et sur l'entreprise. Les institutions internationales, les États et les médias de masse n'ont cessé d'accréditer l'idée qu'il existe des phénomènes « économiques » dont les formes et les lois sont universelles depuis la nuit des temps. Ces phénomènes seraient en quelque sorte « naturels », indépendants de la culture et de l'histoire des nations. Ce processus

1 Je tiens à remercier Blanche Segrestin et Kevin Levillain pour leurs éclairages dans la rédaction de cet article. Une version plus courte de cet article est parue comme un chapitre de l'ouvrage : Heurgon E., Asholt W., Calle-gruber M. (ss. la dir.) (2018), *L'europe en mouvement,* Hermann Paris.

de normalisation est si puissant qu'il est devenu quasiment invisible, sauf à faire un effort de critique historique.

D'un point de vue pragmatique, une part d'universalité dans les règles économiques s'impose quand il s'agit par exemple de construire les règles d'équité et de réciprocité du commerce international. Mais cette universalité, ne peut être que provisoire, car ce qui est aujourd'hui perçu comme juste ne le sera peut-être pas demain. En outre, l'universalité nécessaire au marchand ne saurait s'appliquer à tous les aspects de l'activité productive. À l'évidence, la conception du travail et celle des richesses ne sont ni universelles ni immuables.

Certains objecteront que le capitalisme a vaincu les modèles alternatifs et serait devenu universel. Mais cette thèse suppose que la notion de « capitalisme » corresponde à une réalité immuable et homogène. Or, cette idée ne résiste pas à l'examen historique et empirique. Une notion aussi banale que celle « d'économie de marché » ne renvoie à aucune stabilité pratique et juridique. L'acte de vente le plus ordinaire engage aujourd'hui des techniques et des droits qui n'existaient pas il y a quelques décennies. Chacun peut le constater avec le commerce sur la Toile, dont les règles ont peu en commun avec la vente en magasin.

Il est vrai que la langue usuelle participe à la banalisation des catégories économiques notamment lorsqu'elle est indifférente à la réalité des choses. Aujourd'hui, chacun peut dire, comme il y a cinquante ans, « hier, j'ai fait mes courses pour la semaine » quand bien même auraient été mobilisés un algorithme d'achats intelligents sur la Toile et un paiement en monnaie virtuelle (de type Bitcoin ou autre). Ce phénomène d'effacement du réel n'est pas propre aux catégories économiques. Une chaise reste une « chaise », malgré les variations infinies que les designers impriment à cet objet. Cependant, la permanence du mot est contrebalancée par les efforts des marchands pour rappeler la variété des chaises qu'ils proposent. Au fond, la logique du commerce a au moins comme vertu de s'opposer à une vision trop dogmatique des chaises. Avec les catégories économiques, l'effort de normalisation est premier : il faut rendre les alternatives invisibles ou insignifiantes. La norme idéologique produit ainsi de la méconnaissance et un masquage du réel. C'est ce que nous pouvons constater aisément avec la notion « d'entreprise », où des différences majeures de conception en France et en Allemagne, ne sont pas enseignées à tous et restent inconnues du grand public.

1. France et Allemagne : deux modèles opposés d'entreprise

Dans la culture commune française, l'entreprise est définie par quatre propriétés considérées comme des évidences universelles :

- L'entreprise a des actionnaires, que le plus souvent on regarde comme ses « propriétaires »[2] et qui sont les seuls habilités à la gouverner ;
- L'entreprise est conduite par un chef d'entreprise qui reçoit son mandat de direction (management) des seuls actionnaires. Il préside un conseil d'administration (CA) et une assemblée générale ;
- L'entreprise emploie des salariés qui n'ont aucun lien juridique avec les actionnaires et sont subordonnés au Chef d'entreprise ;
- Des lois définissent le contrat de travail et organisent le dialogue social entre syndicats de travailleurs et direction des entreprises.

Ces éléments décrivent ***un modèle actionnarial de l'entreprise*** qui se rapproche de la conception anglo-saxonne. Mais le modèle français modifie substantiellement cette dernière par un droit du travail protecteur et par le poids accordé à la société comme personne morale autonome[3]. Néanmoins, le principe fondamental reste le même : en droit, l'entreprise n'existe pas en tant que telle, seule existe la société anonyme (*corporation*) qui lui sert de véhicule juridique et dont la raison d'être est le partage des bénéfices entre les associés. Partout, ce principe est enseigné et expliqué comme s'il relevait de l'évidence et sert de grille d'analyse exclusive à tous les débats concernant la vie des entreprises.

On peut donc imaginer la surprise des citoyens français lorsqu'ils apprennent que les grandes entreprises allemandes fonctionnent tout autrement !

En effet, pour les entreprises de plus de 2000 personnes, l'Allemagne a adopté, après la seconde guerre mondiale, le modèle de la codétermination (*Mitbestimmung*) que l'on peut qualifier d'opposé au modèle actionnarial français :

- Actionnaires et salariés gouvernent ensemble l'entreprise via un conseil de surveillance où ils sont quasiment à parité ;
- L'entreprise est dirigée par un directoire nommé par le conseil de surveillance ;
- Les salariés nomment leurs représentants au conseil de surveillance ;

---

2 Cette idée a été contestée par des juristes (Robé, 1999) et plusieurs chercheurs liés au collège des Bernardins (Roger, 2012).

3 La notion « d'abus de bien social » en découle.

- Dans chaque établissement de l'entreprise il y a un conseil de salariés (*Betriebsrat*) qui discute des salaires, du travail et des choix de gestion.

En France, il faut attendre les années 2010, pour que l'État impose la présence minimale de deux salariés au conseil d'administration des grandes entreprises cotées. On mesure la distance considérable qui sépare les deux modèles. Il en résulte des situations paradoxales, sinon ubuesques, pour les chefs d'entreprises qui ont de grandes filiales en France et en Allemagne. Car, ayant l'obligation de travailler dans chaque pays avec le modèle local, ils doivent exercer leurs talents selon des règles de gouvernance opposées ! On a là une preuve manifeste de la non-universalité des conceptions de l'entreprise. Mais pourquoi des modèles aussi éloignés ? De fait, chaque modèle a été adapté à un contexte national et culturel spécifique. L'histoire Française et l'histoire allemande divergeant, on le sait, sur plusieurs points, il n'est pas surprenant qu'elles aient engendré des modèles d'entreprises si distincts.

2. Des conceptions divergentes de l'ingénieur, de la science et de l'autorité

On ne peut prétendre expliquer dans ce texte, même de façon brève, toutes les causes historiques qui ont conduit à ces deux modèles. On se limitera à signaler quelques points de repères connus de l'histoire de chaque nation et qui ont pesé sur les conceptions respectives de l'entreprise.

Il faut d'abord rappeler que tant en Allemagne qu'en France, la notion d'entreprise ne prend son sens actuel qu'après la formation de la grande industrie. Et, plus particulièrement, quand la science devient une composante et un moteur de cette dernière. Or, l'ancrage de la démarche scientifique dans la vie industrielle a été un processus progressif qui s'est étendu sur toute la deuxième partie du XIXe siècle, et ne devient systématique qu'aux alentours de 1900. Il s'agit là d'un mouvement culturel et social majeur qui a été relativement sous-estimé dans les histoires économiques et sociales, ou réduit à l'une de ses diverses manifestations (machinisme, rationalisation, taylorisme, fordisme, recherche fondamentale…). Ce mouvement ne se limite pas à la diffusion de la croyance au progrès. Il stimule directement la genèse de nouveaux acteurs (ingénieurs, techniciens, chercheurs, experts…) qui questionnent et modifient les rapports de pouvoir, de prescription et de travail dans les manufactures issues de la première révolution industrielle.

Cette transformation d'envergure a partout marqué le passage de l'industrie à l'entreprise moderne tout en prenant des voies différentes en Allemagne et en France.

La figure de l'ingénieur est un pivot central de cette transformation et un marqueur éclairant de ses multiples dimensions. Les entreprises qui naissent dans la deuxième moitié du XIXe siècle se distinguent radicalement des anciennes compagnies par l'apparition d'une population nouvelle d'ingénieurs qui n'existait pratiquement pas en 1800. Mais qu'est-ce qu'un ingénieur et quelle est sa place dans la vie de la production et de l'entreprise ? Force est de constater qu'il n'y a pas de réponse unique à cette question. D'ailleurs, la construction scientifique et institutionnelle de l'Ingénieur ne s'est pas faite de la même façon dans les deux pays.

En France, la période post-révolutionnaire soutient résolument le développement de grandes écoles nationales d'ingénieur (Polytechnique, Mines, Ponts...). Celles-ci impulsent un modèle de l'ingénieur combinant démarche scientifique et organisation rationnelle de l'exploitation des usines et du travail. En revanche, les universités sont peu présentes dans cette transformation. Les universités de sciences ne se développent en France qu'à la fin du XIXe siècle, quand la notion d'entreprise est déjà constituée, et elles n'avaient pas, à l'époque, vocation à former des ingénieurs.

En outre, la figure de l'ingénieur à la française se développe sur le fonds idéologique de la révolution : à la fois libéral (sur le plan économique) et étatiste. Celle-ci, en effet abolit très tôt les corporations ouvrières et lutte contre les ententes de travailleurs. Par ailleurs, la logique jacobine de la révolution se maintient au cours du siècle qui a suivi et conforte la mission des ingénieurs d'État dans l'orientation industrielle du pays.

Le modèle de l'entreprise en France nait donc au confluent de deux tendances lourdes. D'une part, une conflictualité ouverte entre patronat et syndicats que l'État vient réguler par de nouvelles lois. D'autre part, une légitimation accrue des techniciens et des ingénieurs, qui donnent à l'industrie l'image nouvelle d'un ordre rationnel et inventif. Ces personnels apparaîtront donc autant comme des rationalisateurs techniques que comme les promoteurs de rapports sociaux éclairés (Bertilorenzi, Passaqui, & Garçon, 2016).

Cependant, l'autorité du dirigeant d'entreprise français était problématique. Comme propriétaire, son autorité se rapproche de celle du maitre de maison, mais les nouveaux ouvriers de l'industrie refusent toute assimilation de leur statut à la domesticité. Comme administrateur, commis des propriétaires, le chef n'a pas grande légitimité à superviser le travail. Certes, il peut acheter les services d'une main d'œuvre, mais il ne peut lui imposer les règles de l'art. Il n'est donc pas surprenant qu'en France, la théorie de l'autorité dans l'entreprise ait été développée par de grands ingénieurs comme Henri Fayol, le père de la théorie administrative (Fayol, 1917), qui tente d'inventer une place nouvelle entre le capital et les ouvriers.

Fayol conçoit ainsi une autorité de compétence et de responsabilité à laquelle il assigne deux devoirs. D'une part, défendre une grande latitude d'action vis-à-vis de l'actionnaire. D'autre part, promettre au « corps social » de l'entreprise que les « perfectionnements » permis par la science seront activement recherchés et bénéficieront à tous. Ces progrès sont vus par les ingénieurs comme les seuls garants de la pérennité de l'entreprise et de sa responsabilité sociale. Le droit du travail reprendra cette vision d'un chef d'entreprise, organisateur prévoyant et éclairé. Elle offrait aux représentants du personnel un interlocuteur responsable avec lequel négocier. Le modèle français s'inscrit donc dans un libéralisme actionnarial, qu'il faut tempérer par le code du travail et par la figure d'un chef d'entreprise, autorité puissante, protectrice et éclairée par la science. Ce rappel des grandes sources du modèle français souligne par contraste celles du modèle allemand.

Les origines de la « codétermination » en Allemagne

Il y a d'abord un point de départ commun. Il faut revenir à l'irruption de la science dans l'activité productive et à l'émergence des ingénieurs. Sauf qu'en Allemagne, il faut y adjoindre le rôle tout aussi important joué par l'université et ses chercheurs. En effet, dès le XVIIIe siècle, des États allemands (Hanovre, Prusse) soutiennent la création d'universités de sciences de grande renommée. Cette tendance se renforce avec le choc créé par la révolution industrielle anglaise. Car, plusieurs laboratoires universitaires vont jouer un rôle déterminant dans l'essor de la chimie et de la métallurgie allemande. Parallèlement, les formations d'ingénieurs adoptent une visée moins académique et construisent des relations étroites avec les industriels. On est loin du primat des mathématiques que la France s'emploie à renforcer dans les formations d'ingénieurs, notamment avec les classes préparatoires.

À la faveur de collaborations avec l'industrie, se développe l'École allemande de conception de machines (*Maschinenbau, Konstruktionslehre*). Elle inspirera l'Europe industrielle. Une distinction s'opère au XXe siècle entre l'ingénieur de production formé dans des instituts techniques (*Fachhochschulen*) et l'ingénieur universitaire (docteur-ingénieur des universités techniques). Mais aucune de ces figures n'est associée à une fonction d'organisation et de médiation entre capital et travail comme celle de l'ingénieur à la Française. On peut relier ce constat à la persistance dans le contexte allemand de corporations de métiers qui n'ont été abolies que dans la troisième partie du XIXe siècle et seulement de façon partielle. Dans une certaine mesure, l'ingénieur de production allemand se décrit comme accompagnant la communauté des travailleurs plus qu'il ne la surplombe. Pour autant, l'Allemagne a connu elle aussi des luttes sociales violentes entre patronat et syndicats ouvriers. Après la première guerre mondiale, elles conduisent la République de Weimar à instaurer des conseils d'ouvriers dans toutes les usines (*Betriebsrat*). Cette solution a sans doute été facilitée par la tradition allemande de l'ingénieur de production, plus proche des travailleurs.

Un autre trait marquant de la trajectoire allemande est la formation de grandes entreprises liées à la science et productrice, elles-mêmes, de sciences nouvelles (Hoechst, Siemens, Zeiss, AEG…). Ces nouvelles entreprises font une place importante aux chercheurs dans les organes de direction. En outre, certaines d'entre elles vont chercher à protéger leur patrimoine scientifique et leurs engagements dans la recherche, en inventant une nouvelle forme de gouvernance actionnariale : celle des fondations. Un cas emblématique est celui de la Carl Zeiss Stiftung, créée en 1889, première fondation d'entreprise, qui était destinée à recevoir le capital de Zeiss et à contrôler l'entreprise en favorisant le développement scientifique et la responsabilité sociale de l'entreprise.

Cependant, on ne retrouve pas dans le contexte allemand, une doctrine analogue à la théorie Fayolienne du chef d'entreprise. Dans les années 30, Eugen Schmalenbach (1879-1955) est la figure de proue de la pensée sur l'entreprise en Allemagne. Mais contrairement à Fayol qui n'accorde aucune place à la théorie économique pour fonder sa théorie administrative (Hatchuel, 2016), Schmalenbach tente de fonder l'entreprise à partir d'une théorisation économique (*Betriebswirtschaftslehre*) des principes de comptabilité et de fixation des prix de transfert. Son approche soulève la critique des ingénieurs qui y voit un « schématisme » abstrait négligeant les interdépendances techniques et sociales. Mais elle a beaucoup d'influence dans les décisions de structuration des grands groupes industriels. Cependant, en prônant une « économie appliquée », Schmalenbach n'opère pas la rupture épistémologique à laquelle sera associé Fayol ; rupture qui fonde la science du « management » dans le monde anglo-saxon.

En revanche, les thèses d'un Walter Rathenau prennent aussi acte de la rupture créée par la science dans la vie des entreprises. Il veut développer une théorie sociale de l'entreprise loin de la théorie économique et qui fait droit à la création collective. Mais sa carrière tragique d'homme politique semble avoir fait oublier l'originalité de ses propositions sur l'entreprise (Segrestin, 2017).

Après la seconde guerre mondiale, et l'effondrement du IIIe Reich, on y voit plutôt se consolider l'idée que l'autorité dans l'entreprise, comme dans toute société démocratique, doit s'appuyer sur l'assentiment de ceux-qui sont dirigés, si l'on veut éviter le retour des divisions et des extrémismes (Gamillscheg, 1980). Au terme d'un processus complexe, où s'entremêlent doctrines managériale, sociale et catholique, et à la faveur du jeu des alliés face à une Allemagne en reconstruction, cette idée aboutira à l'instauration du modèle de la codétermination. Certes, cet avènement n'est donc pas séparable des bouleversements paroxystiques de l'époque. Néanmoins, l'histoire longue, sociale, scientifique et culturelle de l'Allemagne, avait posé plusieurs des pierres nécessaires à la codétermination.

Quoique sommaires et lacunaires, ces éléments éclairent les raisons pour lesquelles les deux pays divergent sur une question aussi majeure que celle de l'entreprise. On doit souligner que ces divergences ne viennent donc pas d'idéologies économiques nationales qui auraient dicté ces deux modèles. Il est donc relativement inadéquat de parler de capitalisme rhénan et de capitalisme latin, comme si l'Allemagne et la France avaient depuis longtemps deux conceptions théoriques différentes du capitalisme. En outre, comment de telles doctrines auraient-elles été possibles avant les phénomènes nouveaux qui ont donné naissance à l'entreprise et à chacun des modèles nationaux ? Il n'y a pas de définition naturelle et permanente du capitalisme dans chacun des pays, pas plus qu'il n'y a de définition naturelle de l'entreprise. L'écart entre les deux modèles s'est construit avec les divergences dans la conception de la science, de l'université, du travail et de l'ingénieur dans chaque pays. Et si des doctrines économiques ont pesé sur ces deux histoires, c'est aussi au travers d'attitudes différentes vis-à-vis des corporations d'artisans. Enfin, l'histoire politique des deux pays a aussi indéniablement imprimé sa marque sur ces deux trajectoires, mais il serait trop long d'examiner ce point.

3. Les épreuves de la mondialisation : les vulnérabilités des deux modèles

Ce bref détour par l'histoire semble mener à la conclusion traditionnelle : « à chacun son modèle ! ». Mais depuis une trentaine d'années, les bouleversements du monde et tout particulièrement les dérives financières, dont la crise de 2008 a été le symptôme, créent une situation nouvelle. Les deux modèles sont confrontés à une série d'épreuves inédites et violentes qui ont souligné leurs vulnérabilités respectives et leur nécessaire évolution.

La première série d'épreuves provient de l'explosion des activités financières. À la faveur de l'internationalisation du capital et de la formation de grands fonds d'investissements, il s'est développé une nouvelle conception actionnariale, plus agressive et plus dogmatique, de l'entreprise. Celle-ci est devenue hégémonique et a imposé depuis trois décennies ses codes comptables et ses règles de gouvernance. Les conséquences de cette « grande déformation » (Favereau, 2014; Favereau & Roger, 2015; Segrestin & Hatchuel, 2012) sont maintenant bien connues et toujours d'actualité[4] : accroissement massif des dividendes, explosion de la rémunération des dirigeants, comportements répétés de fraude technique et d'évasion fiscale, baisse de l'investissement R&D, inégalités croissantes des revenus, fonds prédateurs…

4 En octobre 2017, General Electric, l'une des firmes les plus emblématiques de l'industrie américaine vient de voir ses principaux dirigeants démis en raison de résultats financiers insatisfaisants entrainant l'entrée dans le capital de l'entreprise d'un fonds financier dit « activistes ».

La deuxième série d'épreuves est celle des responsabilités nouvelles face à la mondialisation de la production et aux dangers majeurs associés aux dégâts environnementaux ; dont, au premier chef, ceux qui proviennent du réchauffement de la planète. Au plan des droits fondamentaux et au plan social, de nombreux observateurs ont dénoncé depuis une vingtaine d'années, les conditions de travail insupportables qui persistent dans les entreprises des pays pauvres, alors qu'il s'agit de fournisseurs directs des grandes entreprises occidentales. Ces dérives peuvent aller du non-respect des droits humains (travail des enfants, sécurité, liberté individuelle…) à un droit du travail absent ou à des salaires très faibles. La catastrophe du Rana Plaza au Bangladesh a fait connaître au monde entier la négligence coupable des plus grandes enseignes textiles vis-à-vis des conditions élémentaires de sécurité des travailleurs pauvres.

Il n'est pas possible de faire ici un bilan complet de la manière dont les modèles français et allemand de l'entreprise ont répondu à chacune de ces épreuves. Mais on peut indiquer quelques points de repères qui soulignent le nécessaire évolution des deux modèles.

Face au nouveau primat de la conception actionnariale de l'entreprise et à la course aux profits élevés pour le capital, l'industrie française à moins bien résisté que l'industrie allemande et la part relative de l'industrie dans les deux pays est aujourd'hui franchement en faveur de l'Allemagne. Par contre, de grandes banques allemandes ont été tout autant, sinon plus, touchées par la crise financière de 2008. Il semble donc que le modèle de la codétermination reste particulièrement adapté à l'investissement sur le temps long et à la protection des apprentissages techniques et des métiers, deux traits indispensables à l'industrie. On sait que les représentants des salariés au conseil de surveillance ou au conseil d'administration ne limitent pas leurs interventions aux seuls salaires et conditions de travail du personnel. Ils sont aussi sensibles au respect des potentiels des salariés, au maintien de leur niveau de compétence, ou aux efforts de recherche et d'innovation. Il semble donc que le modèle de la codétermination indique un horizon souhaitable dont le modèle français devrait chercher à se rapprocher si la France veut soutenir une politique de néo-industrialisation (Veltz & Weil, 2014) et plusieurs voix se sont récemment élevées pour avancer dans cette direction[5].

Cependant, le modèle de la codétermination ne répond pas comme on l'aurait espéré au deuxième type d'épreuves, celles qui sont relatives aux responsabilités sociales et environnementales (RSE). L'affaire dite du « diesel gate » a provoqué un séisme pour Volkswagen et au-delà. Certes, les constructeurs français semblent aussi mis en cause sur cette même question. Mais on pouvait penser

5 Cf. La pétition signée par de nombreux chercheurs et syndicalistes : « La codétermination est une idée porteuse d'avenir qui doit trouver sa place dans la loi », Le Monde Economie du 5 octobre 2017.

que l'Allemagne échapperait à ce type de déviances, parce que les représentants des salariés dans la gouvernance de l'entreprise s'y seraient opposés. Toutefois, cette hypothèse avait déjà été fortement malmenée lorsqu'en 2013, il a fallu constater que de grandes entreprises scandinaves se fournissaient aussi de façon importante dans les ateliers du Rana Plaza. Or, dans ces pays, les salariés forment de droit 30 % du Conseil d'administration des grandes entreprises. On peut donc considérer aujourd'hui que la responsabilisation des salariés n'est pas systématiquement garante de respect environnemental.

En France, l'affaire du Rana Plaza, a accéléré la prise de conscience des questions de responsabilité sociale et humaine associées à la mondialisation. Malgré de nombreuses oppositions politiques et patronales, elle a suscité l'adoption d'une législation originale : l'instauration ***d'un devoir de vigilance*** des grandes entreprises sur les violations des droits fondamentaux chez leurs fournisseurs et les sous-traitants de ces derniers, partout dans le monde. En pratique, la loi impose la norme de gestion suivante : chaque entreprise doit mettre sur pied des dispositifs de vérification du respect de ces droits, dans ses propres filiales et dans tous les intervenants de ses chaines d'approvisionnement. Et si des violations sont constatées, le donneur d'ordre devra exiger des mesures correctives ou cesser toute activité commerciale.

Conclusion : l'entreprise à mission, un horizon commun ?

Il est intéressant de noter que la France et l'Allemagne ont conçu des modèles d'entreprises qui présentent, tous deux, des traits exceptionnels par rapport au modèle anglo-saxon qui sert de modèle canonique de l'entreprise dans la littérature et dans la culture mondiale. Les traits les plus originaux concernent les figures de l'autorité, les codes du travail, la codétermination, et le devoir de vigilance. Ces innovations ont été construites au cours de processus historiques complexes mais on peut, avec le recul du temps, dégager la ligne principale de cette genèse.

Après la première révolution industrielle, donc vers 1830, la France et Allemagne ont été toutes deux confrontées à la même énigme : *construire un cadre social et juridique approprié à un inédit radical que l'on nomme « entreprise » sans pouvoir en cerner la nature.* Par ce terme, on voulait désigner de nouveaux collectifs de travail, certes inquiétants mais aussi dotés d'une puissance productive et inventive sans précédent. Car ces collectifs n'étaient plus réductibles à l'atelier, serait-il de grande taille, qui produisait des objets connus. Ils inventaient et façonnaient désormais une large part des grandes dynamiques sociales : métiers, modes, techniques, relations internationales, systèmes symboliques… Ils ne faisaient pas seulement « tourner » l'économie, *ils transformaient la civilisation.* L'énigme à résoudre était d'autant plus difficile que le vieux langage de l'économie politique, production, profit, capital, travail se révélait inadapté à ces nouvelles réalités ou contribuait à nourrir, par le bais de contre-cultures théoriques et politiques (socialisme, marxisme, etc.) des conflictualités et des crises persistantes.

Par ailleurs, toute tentative d'une « théorie de l'entreprise » se heurtait à de multiples écueils.

Sur le plan idéologique, une théorie de l'entreprise passait pour une utopique « troisième voie » entre la domination du capital et celle du travail. Dans un espace philosophique saturé par l'opposition entre capitalisme et marxisme, on lui déniait tout fondement et elle était vue comme un simple compromis historique et politique sans intérêt scientifique.

Sur le terrain, la vie des entreprises a été accompagnée par une série d'inventions conceptuelles et instrumentales souvent dictées par la nécessité de régler des questions urgentes et difficiles : légitimer l'autorité, organiser le travail, introduire la recherche scientifique, former les personnels… Ces réponses créaient aussi de nouveaux conflits, de nouvelles luttes et des interventions législatives de la part des États. Se constituent ainsi, dans chaque pays, deux grands types de nouveaux corpus. D'une part, celui des sciences de gestion (management science) qui étudient les problématiques et les dispositifs qui forment l'infrastructure praxéologique des entreprises et au-delà, de nouvelles organisations. D'autre part, le corpus des lois et jurisprudences qui régissent la vie des entreprises et du travail.

Or, ce n'est que récemment que les chercheurs se sont attaqués à une analyse épistémologique de ces corpus et à un examen de la place de l'entreprise dans les sciences sociales. Un constat s'impose : l'entreprise est « un point aveugle du savoir » comme l'a montré un colloque de Cerisy (Segrestin, Roger, & Vernac, 2014) dont les nombreuses analyses ne peuvent être résumées ici. Mais le détour historique même sommaire que nous avons retenu dans le présent texte retrouve aussi l'un des grands constats de ce colloque. Tant en France qu'en Allemagne, il a fallu inventer chemin faisant des approches partielles de l'entreprise mais sans pouvoir régler le problème général que ces nouveaux collectifs posent aux sociétés démocratiques. On peut résumer ce problème en reprenant une célèbre formule de Spinoza : l'entreprise peut-elle être un empire (économique) dans un empire (démocratique) ?

Et la réponse à cette question ne peut être que négative ! Qu'il s'agisse de la construction de l'autorité, du travail, du pouvoir des actionnaires, de l'action des entreprises sur leur environnement ou leurs fournisseurs, les entreprises ne sont pas des empires isolés du reste du monde. Elles ne peuvent se désintéresser de l'intérêt collectif ! Certes, dans la mondialisation contemporaine, elles peuvent se penser comme un nouveau type d'empires qui se situeraient non pas « dans » mais *à côté* des États et qui négocierait d'égal à égal avec ces derniers. Et c'est effectivement, une tendance lourde de l'histoire internationale récente[6]. Mais être un empire crée d'autant plus de responsabilités vis-à-vis des peuples et du monde, sauf à dériver vers une forme nouvelle de piraterie internationale dont les effets, sur l'image générale des entreprises et de leurs dirigeants, sont à l'évidence contre-productifs.

En définitive, on retrouve une nécessité ancienne et oubliée : la création de profits ou l'intérêt économique, ne peut être la seule *raison d'être* de l'entreprise. Cet intérêt ne peut être nié, mais il ne constitue qu'une logique d'action particulière nécessaire à la construction d'*une vie d'entreprise, c'est à dire d'une vie collective créative et attachée autant à pérenniser ses engagements qu'à renouveler ses contributions au progrès commun*. À l'inverse, la réalisation de profits ne garantit en rien la formation d'une telle vie collective.

En France et en Allemagne, cette idée a été depuis longtemps une conviction active chez beaucoup d'acteurs. C'est elle qui guide Henri Fayol dans sa théorie administrative ; qui conduit aux fondations d'entreprise ou à la codétermination ; et qui justifie, plus récemment, un devoir de vigilance sur les violations des droits humains des travailleurs où qu'ils soient. Cette idée a ainsi nourri de nombreuses réformes mais elle n'a jamais été posée comme *un axiome* fondamental de la définition juridique des entreprises, notamment parce que celles-ci restent dépendantes du droit des sociétés anonymes.

S'il était clairement affirmé cet axiome ne conduirait pas à un seul modèle d'entreprise, mais ses implications seraient nombreuses. Il ouvre un horizon de réformes du droit des sociétés et de l'entreprise que pourraient partager les deux pays et plus largement l'union européenne, sans que chacun renonce à ses spécificités. Elles ont fait l'objet de plusieurs recherches et nous nous limiterons à indiquer ici deux grandes propositions qui constituent l'ossature de ces réformes :

D'une part, il s'agit de modifier dans chaque système de droit l'ensemble des lois et codes qui font du but lucratif le seul objectif des sociétés[7]. Ces nouvelles dispositions devraient affirmer que toute société doit contribuer, par son activité, à l'intérêt général et n'est donc pas au seul service de l'intérêt des associés.

D'autre part, il faut offrir la possibilité aux entreprises, qui le souhaitent, d'expliciter la « mission » (*purpose*) qu'elles s'assignent en dehors du but lucratif. Le mouvement

6 C'est la conception retenue dans certains traités internationaux qui proposent que les conflits entre entreprises mondiales et États soient réglés par une juridiction internationale privée, donc indépendante des États.

7 En France, cette proposition est portée publiquement par plusieurs dirigeants et par la directrice du FMI. Voir article collectif du Monde du 16/11/ 2016 : « Plaidoyer pour une économie de marché responsable ».

des «entreprises à mission» a commencé aux USA, mais il connaît aujourd'hui des échos importants en Europe qui permettent d'envisager des règlementations européennes communes (Levillain, 2017). La «mission» n'est pas le projet de la seule équipe dirigeante. Elle engage durablement les actionnaires et transforme les rapports entre actionnaires et dirigeants. Elle permet aussi d'expliquer, par exemple, comment une entreprise s'engage à associer son personnel ou ses partenaires (clients, fournisseurs, etc.) à la gouvernance de l'entreprise, et le cas échéant, évoluer vers la codétermination si celle-ci n'est pas de droit. C'est aussi le bon instrument pour travailler équitablement avec toutes les parties concernées par l'entreprise et s'assurer du respect des droits fondamentaux de chacun. La mission clarifie donc l'engagement d'une entreprise envers la société et envers les territoires où elle est ancrée.

Il nous semble que ces deux séries de propositions peuvent contribuer à une nouvelle dynamique européenne. Certes, pour fonder (ou refonder) l'Union Européenne beaucoup insistent sur les valeurs communes qui unissent les États-membres. Cette attitude est justifiée mais elle peut se révéler contreproductive. Car comment comprendre que des valeurs partagées conduisent à de fortes différences culturelles ? Il n'est pas aisé d'expliquer, on l'a vu, pourquoi une notion aussi ordinaire que celle d'entreprise donne naissance à des modèles aussi divergents d'un pays à l'autre. La démarche que nous avons suivie suggère donc une conception de l'union plus exigeante mais sans doute plus robuste.

Les États européens ont été confrontés depuis deux siècles aux mêmes épreuves majeures : la science, la modernité, les transformations techniques, les désirs de prospérité et de solidarité. Chacun a inventé, dans l'urgence de ces avènements, des règles collectives adaptées à ces épreuves. Chaque État l'a fait en fonction des circonstances et des tourments que cette histoire faisait naître. Les questions étaient communes, mais les réponses ne pouvaient l'être. D'autant moins que, dans un contexte d'adversité entre nations, la réponse de l'un, était souvent rejetée par l'autre.

Pour poursuivre sa construction, l'Union européenne doit retrouver les épreuves qui furent communes et comprendre lucidement la variété des réponses apportées par ses membres. Ensuite, Il ne s'agit pas d'imposer à tous «le meilleur que l'on trouve chez chacun» au risque d'aboutir à un assemblage sans signification pour personne. Il s'agit plutôt de construire une ambition commune qui laisse à chacun le choix d'une trajectoire cohérente avec sa propre histoire. On transforme ainsi des divergences idiosyncrasiques, en cheminements distincts vers un nouveau commun. C'est à cette condition que les passages d'un pays à l'autre deviennent possibles.

Références

Bertilorenzi, M., Passaqui, J.-P., & Garçon, A.-F. (2016). *Entre technique et gestion : Une histoire des « ingénieurs civils des mines » (XIXe-XXe siècles).* Paris: Presses des Mines.

Favereau, O. (2014). *Entreprises: la grande déformation,* Éditions Parole et Silence, Collège des Bernardins.

Favereau, O., & Roger, B. (2015). *Penser l'entreprise: nouvel horizon du politique.* Éditions Parole et Silence, Collège des Bernardins.

Fayol, H. (1917). *Administration Industrielle et Générale.* Paris : Dunod et Pinat.

Gamillscheg, F. (1980). La cogestion des travailleurs en droit allemand.. Bilan à la lumière du jugement du Tribunal constitutionnel fédéral du 1er mars 1979. *Revue internationale de droit comparé, 32*(1), 57-74.

Hatchuel, A. (2016). Henri Fayol et la théorie du chef d'entreprise: une nouvelle figure de l'autorité au tournant du XXe siècle. *Entreprises et histoire*, (2), 108-120.

Roger, B. (Éd.). (2012). *L'entreprise: formes de la propriété et responsabilité sociale.* Paris : Lethielleux.

Levillain, K. (2017). *Les entreprises à mission : un modèle de gouvernance pour l'innovation.* Vuibert.

Robé, J.-P. (1999). *L'entreprise et le droit.* Presses Universitaires de France.

Segrestin, B. (2017). When innovation implied corporate reform: A historical perspective through the writings of Walther Rathenau. In *Gérer et Comprendre. Annales des Mines.*

Segrestin, B., & Hatchuel, A. (2012). *Refonder l'entreprise.* Paris: Seuil.

Segrestin, B., Roger, B., & Vernac, S. (2014). *L'entreprise: point aveugle du savoir.* Sciences Humaines.

Veltz, P., & Weil, T. (2014). *L'industrie, notre avenir.* Eyrolles.

Chapitre 7

De l'objet social à la mission : une réinvention du cadre de responsabilité de l'entreprise

Blanche Segrestin

MINES ParisTech, Université PSL
CGS - i3 UMR CNRS 9217

Si la question de la réforme de l'entreprise revient avec force, c'est – on le sait – parce que l'entreprise est à un tournant de son histoire. D'un côté, l'entreprise prend de nouvelles formes, mondialisées, déployées en réseaux ou à travers des plates-formes ou d'outils numériques qui transforment radicalement les relations. De l'autre côté, l'actionnariat s'est « industrialisé » (voir le chapitre de Belinga & Guez dans cet ouvrage) à tel point que la valeur actionnariale est devenue une norme incontournable dans nombre d'entreprises, et notamment dans les entreprises cotées. Or, cette norme s'avère d'autant plus redoutable qu'elle tend à freiner l'implication des entreprises dans les projets de recherche et d'innovation sur le long terme, alors même que les enjeux sociétaux et environnementaux réclament davantage d'innovation. Face au changement climatique, la capacité d'innovation des entreprises devient critique pour développer de nouvelles solutions énergétiques et respectueuses de l'environnement. Les leviers usuels s'avèrent clairement insuffisants face à cette exigence : la RSE ne conduit pas à renforcer cette capacité d'innovation, et l'État ne peut obliger les entreprises à investir dans la recherche et l'innovation.

Dans ce contexte, le rapport remis au gouvernement en mars 2018 (Notat & Senard, 2018) propose de modifier le code civil pour renforcer la responsabilité des entreprises. L'article 1833 du Code civil pourrait être ainsi reformulé : « [...] *La société doit être gérée dans son intérêt propre, en considérant les enjeux sociaux et environnementaux de son activité* ».

Cette disposition, si elle était adoptée, conduirait à obliger les entreprises à suivre les normes de bonne gestion connues, par exemple à appliquer les bonnes pratiques en matière de gestion de risques. Mais le rapport va plus loin et propose de reconnaître un statut spécifique pour les entreprises à mission. Inviter les entreprises à se doter d'une mission, c'est en plus les amener à spécifier comment elles déclinent leur responsabilité au niveau de leur activité, et comment, au-delà du respect des normes de gestion connues, elles visent le cas échéant une contribution positive nouvelle. Ainsi une entreprise peut se donner comme mission de développer de nouvelles technologies visant à anticiper les tremblements de terre plusieurs jours à l'avance[1] ; elle peut chercher à concevoir des outils pour une agriculture moins polluante…

Ce schéma, où l'entreprise qualifie et s'engage sur un futur désirable, donne un cadre de responsabilité inédit. Dans les chapitres précédents, la mission est apparue comme une *condition juridique de la RSE* : en spécifiant un objectif d'ordre social, environnemental ou scientifique dans leurs statuts, les sociétés à mission permettent de découpler le mandat de gestion confié aux dirigeants de la poursuite du seul intérêt des associés, et donc de prendre en considération les autres parties prenantes. La mission s'y révélait donc être la pièce du puzzle qui manquait pour soutenir la théorie de la «*separate legal entity*», décrivant la société comme personne morale répondant à ses intérêts propres et distincts de ceux de ses associés. Nous avons également montré que l'inscription d'une mission dans les statuts fournissait une assisse claire pour que les associés puissent *contrôler l'action des dirigeants sans toutefois engager leur responsabilité* : la responsabilité limitée des associés (et des salariés dans les entreprises en codétermination) pourrait en fait nécessiter que les associés contrôlent l'action des dirigeants à l'aune de la mission, mais sans déterminer le cadre de l'action des dirigeants – ou ce que Mizruchi appelle les «*premises of action*» (Mizruchi, 1983) – et donc sans diriger eux-mêmes.

Dans ce chapitre, nous examinons le nouveau schéma de responsabilité qu'introduit la spécification d'une mission, en le resituant dans l'histoire longue du droit des sociétés. En particulier, nous voudrions comparer de manière rigoureuse, la mission comme dispositif de responsabilité de l'entreprise et l'objet social qui servait de base au schéma juridique de responsabilité de la société anonyme au XIXe siècle. Quand le droit a reconnu la société anonyme (SA) dans le code du commerce en 1807, l'État utilisait l'objet social pour évaluer le risque que représentent des sociétés où plus aucun associé n'était responsable des dettes, et pour autoriser de manière très sélective les créations de SA. Avec l'essor de l'industrie, ce contrôle par l'État a été de plus en plus contesté, et finalement abandonné en 1867. S'agit-il alors, avec la mission, de restaurer l'ancien principe d'un contrôle de l'objet social ? Et ce modèle est-il compatible avec les enjeux de responsabilité contemporains ?

1 Exemple de la mission de GeoCosmo, une société à mission incorporée aux États-Unis (https://geocosmo.com/)

Notre examen se fonde sur le schéma classique de la responsabilité en droit. Un tel schéma consiste à exiger réparation quand une faute est constatée. Il est clairement hors de notre propos de discuter le concept de responsabilité lui-même, dont l'usage s'est considérablement étendu et diversifié ces dernières années. Néanmoins, nous remarquons que le modèle de la faute et de la responsabilité en droit repose nécessairement sur des normes de gestion *établies*. Ainsi, si le contrôle de l'objet social a conduit à privilégier des sociétés dédiées à des projets d'intérêt général (projets d'infrastructures notamment), il instaurait surtout une norme qui excluait les activités jugées trop incertaines ou trop risquées pour l'épargne publique, c'est-à-dire celles qui pouvaient contrevenir aux principes connus de l'action « responsable ». En pratique, le schéma conduisait à freiner l'établissement de sociétés dédiées à l'exploration ou à la recherche. À l'inverse, le contexte actuel se caractérise par les *lacunes des connaissances* et par le fait que les normes de gestion font *a priori* défaut : la recherche et l'innovation sont devenues nécessaires pour trouver des moyens d'agir sans nuire. Dans ces conditions, en restaurant l'objet social et la finalité de l'entreprise dans les statuts au travers de la mission, il ne s'agit plus de *limiter* le degré d'innovation, mais au contraire *d'engager le collectif* dans l'exploration de nouvelles solutions et de *nouveaux principes d'action responsable*. On a donc un schéma de responsabilité profondément revisité par rapport à celui des sociétés anonymes du XIXe siècle et notre objectif est de le caractériser plus précisément pour voir dans quelle mesure il pourrait mieux correspondre aux enjeux contemporains.

1. Le cadre d'analyse : les conditions cognitives de la responsabilité

Les travaux sur la responsabilité (voir pour une synthèse récente Micheaux, 2017) soulignent combien les problèmes contemporains, et notamment les enjeux environnementaux, mettent en défaut le schéma classique en droit de responsabilité.

Responsabilité : un concept aujourd'hui fuyant

Les conséquences sur l'environnement des activités industrielles sont diffuses, interdépendantes, échelonnées dans le temps… Les responsabilités sont partagées, ou plus exactement les pollutions résultent bien de l'action conjuguée de toutes ces activités, mais elles ne relèveraient de l'intention d'aucune. Elles seraient le résultat « des externalités » comme disent les économistes, ou des « effets latéraux » (au sens où on parle des effets secondaires et indésirables d'un médicament). Pour en tenir compte, le concept de responsabilité devrait alors être étendu de manière vertigineuse : d'une part, la responsabilité d'un acteur s'étend indéfiniment dans le futur dès lors qu'on considère les conséquences de ses actions. D'autre part, la notion de faute est problématique et la responsabilité pourrait en fait s'étendre à la prise en compte d'autrui de manière générale et du vulnérable en particulier (Ricoeur, 1995)[2].

Pour essayer de caractériser les enjeux singuliers posés par l'époque contemporaine et par l'environnement, nous proposons de revenir sur le modèle de base de la responsabilité en droit car il permet de mettre en évidence les conditions cognitives d'un tel schéma. Nous nous appuyons ici sur les travaux de Romain Laufer (1993, 1996). Celui-ci a en effet montré les conditions cognitives des systèmes de légitimité. Selon lui, est légitime ce qui est fondé en droit, dans un contexte social dont les normes définissent l'acceptable, le conforme, le convenable. Mais quand ces normes font défaut, alors la gestion doit à la fois participer à l'élaboration de nouvelles normes et développer l'action dans le cadre des règles qu'elle contribue à déterminer.

Un modèle cognitif simple de la responsabilité

Caractériser le modèle classique de la responsabilité en droit revient ainsi à expliciter les bases de connaissance mobilisées. Le droit civil définit la responsabilité par l'obligation de réparer le dommage que l'on a causé par sa faute. Or, il est nécessaire, pour penser l'obligation et la faute, d'introduire un schéma où plusieurs ensembles de connaissances sont mobilisés.

Selon nous, la responsabilité suppose ainsi le recours aux modèles suivants (voir tableau 1) :

- Un modèle du dommage (destruction d'un potentiel[3] existant P : $dP<0$)[4] ;
- Un modèle d'imputation (on sait établir le lien de causalité entre une action A et un dommage $dP<0$) ;
- Une norme de gestion (on sait dire quel comportement A* éviterait le dommage dP).

---

2 Ricœur formule le dilemme de la manière suivante : « d'une part, la justification par la seule bonne intention revient alors à retrancher de la sphère de responsabilité les effets secondaires du moment qu'on choisit de les ignorer ; le précepte de "fermer les yeux sur les conséquences" se mue alors en mauvaise foi, celle de qui "se lave les mains des suites". D'autre part, la prise en charge de *toutes* les conséquences, y compris les plus contraires à l'intention initiale, aboutit à rendre l'agent humain responsable de tout de façon indiscriminée, autant dire de rien dont il puisse *assumer* la charge » (Ricoeur, 1995, p. 66).

3 Potentiel, entendu comme ressource ou plus largement capacité d'action, voir notamment (Hatchuel & Segrestin, 2007; Segrestin & Hatchuel, 2012).

4 On note dP une modification du potentiel P : dP négatif correspond à une destruction de potentiel, donc un dommage. dP positif correspond à une création de potentiel.

Ce n'est que lorsque ces modèles sont connus que l'on peut faire jouer la logique classique de la faute et que le régime classique de responsabilité peut fonctionner.

Responsabilité civile
Dommage dP<0
Imputation (A→dP)
Faute : violation d'une norme de gestion (A*)

Tableau 1 : Schéma classique de la responsabilité en droit

Bien qu'extrêmement simplifié, ce schéma nous fournit un prisme à l'aune duquel relire les différents schémas de responsabilité appliqués à la société anonyme. Et en particulier, il nous permet de comparer l'objet social au XIXe et la mission proposée actuellement, selon que ces connaissances sont disponibles ou pas.

2. L'objet social : un régime de responsabilité préventif au XIXe siècle

Au début du XIXe siècle, les sociétés anonymes n'étaient autorisées qu'en fonction de l'objet social qu'elles stipulaient dans leurs statuts. Cet objet social ne constituait-il pas, avant la libéralisation des sociétés anonymes en 1867, un schéma de responsabilité que l'on chercherait aujourd'hui à revitaliser au travers de l'inscription dans les statuts des sociétés une mission au-delà du but lucratif ? Nous souhaitons ici revenir sur le schéma de responsabilité qui a encadré la SA entre 1807 et 1867. On peut identifier la nature des dommages que la SA faisait craindre mais aussi les normes de gestion qui étaient envisagées pour y faire face. Or ces normes, qui permettaient de définir les normes de responsabilité pour la SA au début du XIXe siècle, n'étaient vraisemblablement plus tenables à la fin du siècle et pourraient apparaître aujourd'hui largement contre-productives.

L'introduction de la SA dans le droit et la nouvelle problématique de la responsabilité

Lors de la rédaction du Code de Commerce qui restaurait, après la révolution, en 1807, la possibilité de créer des sociétés anonymes, l'objet social constituait la pierre angulaire de la responsabilité des sociétés anonymes. A. Lefebvre-Teillard (1985) rapporte que, pendant la Révolution, le premier projet de rédaction du code (an IX) tenait en un article unique :

> « La société par actions est anonyme. Elle n'est connue que par une qualification relative à son objet. Son capital se forme par un nombre déterminé d'actions. Elle

> est régie par des administrateurs qui sont actionnaires ou salariés. Elle ne peut avoir lieu sans l'autorisation du gouvernement. Les actionnaires ne sont tenus que de la perte du montant de leurs actions. »

La société anonyme, à la différence des sociétés de personnes, ne pouvait en effet se définir par le nom des associés : c'est l'objet de son entreprise qui était alors sa raison d'être. Dans la version définitive du Code, qui entra en vigueur en 1808, neuf articles définissaient la SA, en renforçant l'idée que ce qui faisait exister la société anonyme était la reconnaissance d'une *entreprise :*

> « La société anonyme n'existe point sous un nom social : elle n'est désignée que par le nom d'aucun des associés.
>
> Elle est qualifié par la désignation de son entreprise ».

La société anonyme au début du XIXe étendait et renouvelait les enjeux de responsabilité. Comme les autres sociétés, la SA constituait déjà un corps intermédiaire potentiellement puissant, car capable de survivre à la mort de ses employés, capable de détenir des titres de propriétés et d'agir en justice. Mais la société anonyme comportait en outre de nouveaux risques pour la collectivité. Tant que les sociétés étaient des sociétés de personnes, les associés étaient en effet indéfiniment solidaires les uns des autres. La société anonyme rompait avec cette formule et introduisait le principe d'une responsabilité limitée pour tous les associés.

Elle favorisait ainsi l'appel public à l'épargne, et en ce sens répondait à un besoin car elle permettait de réunir les capitaux nécessaires au grand commerce mais aussi au développement industriel et à celui des infrastructures matérielles (canaux, ponts…) et financières (banques, assurances) tout en minimisant le risque encouru par les capitalistes. Mais elle faisait clairement courir dans le même temps un risque supplémentaire aux créanciers. Et d'aucuns y voyaient alors un « piège tendu à la crédulité publique » (Lefebvre-Teillard, 1985).

C'est ainsi que la société anonyme constituait un risque pour la collectivité. Son action générait des risques élevés pour les associés qui apportaient leur épargne, mais aussi pour l'ensemble des tiers, qui n'avaient plus la possibilité de se retourner contre les associés. L'État s'est donc très tôt préoccupé d'encadrer les sociétés anonymes : d'où l'idée qu'aucune société anonyme ne pouvait se constituer sans une autorisation expresse. Dès lors que la responsabilité personnelle n'apportait plus de garantie, le gouvernement s'attachait à vérifier que l'entreprise qui faisait appel public à l'épargne était réelle et qu'elle présentait le maximum de chances de réussite.

Le rôle de l'objet social dans le contrôle de la SA

Au cours de la première moitié du XIXe siècle, l'autorisation dépendait alors d'un examen du projet par différentes instances. Anne Lefebvre-Teillard rapporte combien ce fut l'occasion de construire une doctrine sur le capital social, la place des actionnaires, etc. L'objet social jouait un rôle particulier et opérait à plusieurs niveaux.

La spécification d'un objet social était d'abord une protection pour les associés : l'objet social délimitait en effet l'espace discrétionnaire des administrateurs, qui ne pouvaient engager la société au-delà de l'objet social (doctrine de l'*ultra vires*) (Greenfield, 2001, 2008).

Mais l'objet social était d'autre part un moyen pour l'État de contrôler la légitimité de l'entreprise. Anne Lefebvre-Teillard montre que l'objet social faisait l'objet d'une évaluation serrée qui pouvait mobiliser non seulement le conseil d'État, mais aussi différents experts (par exemple corps d'État, etc.). Le cas des mines a joué un rôle important dans l'élaboration de cette doctrine. Le corps des Mines déconseillait par exemple qu'une société puisse être créée à des fins d'exploration minière, car l'entreprise ne reposerait sur rien de réel. Et l'exploitation elle-même d'une mine apparaissait alors trop complexe et trop risquée. Le rapport d'un ingénieur en chef des Mines en 1840 résume bien la doctrine :

> « Le soussigné désirerait, il est vrai, émettre ici quelques réflexions sur les sociétés par actions formées pour l'exploitation des mines et qui, par suite de la complication des opérations techniques et commerciales, des éventualités ou accidents de ces dernières, donnent lieu à de très graves abus… Jusqu'à un certain point l'association par actions ne devrait être permise (à moins d'une surveillance très sévère et très spéciale) que pour les opérations simples n'ayant besoin que d'une comptabilité bien ordonnée comme sont les banques, les constructions de ponts et autres données à prix faits, des messageries, etc. » (Lefebvre-Teillard, 1985, p. 50).

De même, le conseil d'État fut amené à refuser l'autorisation aux sociétés visant l'exploitation d'une innovation technique qui n'avait pas fait ses preuves. Aussi un avis défavorable a-t-il été rendu pour la société de transport accéléré par eau, au motif que son succès dépendait d'un essai qui devait avoir lieu… et dont la probabilité de succès était jugée insuffisante (ibid., p. 55).

Globalement, le raisonnement visait donc à assurer la sécurité collective par une démarche de précaution par la maîtrise des risques. N'était retenu que l'objet social qui était relativement sûr et prévisible de manière à vérifier scrupuleusement l'article 1108 du code civil qui soumettait la validité des conventions à « *un objet certain qui forme la matière de l'engagement* ».

Le schéma de responsabilité s'organisait ainsi autour de l'objet social, et pour reprendre notre grille précédente, nous pouvons le résumer avec les propriétés suivantes (voir tableau 2) :

- Le modèle du dommage : le risque introduit par la SA est celui des dettes contractées à l'égard des tiers et le risque de ne pouvoir rembourser le capital social aux associés. Il est directement lié à l'objet social, c'est-à-dire à l'activité que souhaite conduire la société.
- Au niveau de l'imputation, les associés n'ont plus qu'une responsabilité limitée. Ils ne seront donc pas tenus de rembourser les dettes. Mais désigner la société comme l'auteur impose des règles de gestion particulières.
- Au niveau des normes de gestion, l'objet social joue à deux niveaux : l'objet social délimite l'espace discrétionnaire des administrateurs. Et les associés peuvent ainsi s'assurer que les administrateurs n'engagent pas la société au-delà de certaines limites. Mais l'objet social sert surtout pour filtrer quelles sociétés sont légitimes : le contrôle exercé par l'État consiste à n'autoriser que les projets présentant peu de risques.

Objet social Régime classique de responsabilité
Modèle du dommage Dommages à éviter : dP = dettes non remboursables <0
Modèle d'imputation Dommages imputable à la société (mais responsabilité limitée des associés)
Normes de gestion Contrôle de l'objet social : • Limitation de la latitude des dirigeants (contrôle des associés) • Limitation aux activités peu risquées (contrôle de l'État)

Tableau 2 : Régime de responsabilité en prévention

Extensions : le régime de responsabilité sans faute

Si la société anonyme faisait l'objet d'un contrôle *a priori* pour limiter les activités risquées, le développement de l'industrie va cependant de pair avec l'essor d'activités qui génèrent des risques. Progressivement, la SA met sous tension plusieurs dispositions classiques du droit. Et on assiste à plusieurs élargissements du schéma classique de la responsabilité. Le premier élargissement concerne la responsabilité sans faute qui apparaît au XIXe siècle avec notamment le droit de la faillite et celui des accidents du travail. Dans notre schéma précédent, quand un acteur suit la norme de gestion mais que le dommage se produit malgré tout, alors il n'est pas en faute.

C'est ainsi que la faillite a pu être dépénalisée : jusqu'au milieu du XIXe siècle, l'entrepreneur en défaut de paiement était en banqueroute et déchu de ses droits (Thiveaud, 1993). Or ce schéma devient doublement problématique : d'un côté, il ne s'applique plus bien à la société anonyme dans la mesure où les associés ne sont pas tenus de rembourser les dettes au-delà de leur apport. Et d'autre part, les bienfaits de l'industrie sont de plus en plus reconnus malgré les risques qu'ils occasionnent. On parle des « grandes découvertes scientifiques qui feront la gloire du XIXe siècle, à la suite de l'application commerciale et industrielle de la vapeur, du gaz, de l'électricité » (Robert, 1896)... L'intérêt porté aux sociétés conduit à juger le droit de la faillite comme excessivement sévère.

Ce n'est qu'avec la loi de 1889 qu'on a admis que si le fait d'entreprendre était risqué, l'entrepreneur pouvait être « de bonne foi » : il fallait alors chercher le moyen « le plus ingénieux et le plus pratique de distinguer et de traiter différemment le débiteur indigne d'intérêt, et le débiteur honnête qui ne doit pas subir une qualification déshonorante et encourir de très grave incapacités » (Robert, 1896). Le fait que les gérants tiennent une comptabilité valable – une fois la rationalisation et la normalisation des comptes établies – fait partie des moyens qui ont permis alors de distinguer le bon gérant du débiteur indigne.

La responsabilité sans faute va de pair avec l'assurance (Ewald, 1990). Celle-ci s'est déployée depuis la fin du XIXe siècle, en qualifiant des nouveaux risques mais uniquement quand elle était en mesure de prescrire et de contrôler des comportements responsables. Ainsi, la célèbre loi de 1898 introduit la responsabilité de l'employeur en matière d'accidents du travail. Mais la loi reconnaît en fait que cette responsabilité n'était pas forcément liée à une faute : si la part connue et gérable du risque était effectivement gérée par l'employeur (les mesures de sécurité effectivement mises en œuvre, etc.) et si le risque résulte de la part d'inconnu incompressible de l'activité industrielle, alors l'employeur n'était pas coupable (Josserand, 1897 ; Saleilles, 1897). D'où la possibilité d'une assurance socialisant les risques d'accidents du travail.

Responsabilité sans faute (activité génératrice de risque, mais respect de normes de gestion)
Dommage dP Imputation conventionnelle (A→dP) Respect d'une norme de gestion A*
Ex. faillite, accidents du travail

Tableau 3 : Extension au régime de responsabilité sans faute

De ce point de vue, il faut souligner que l'assurance ne conduit pas à déresponsabiliser les acteurs. Beaucoup considèrent que le glissement de la notion de faute à la notion de risque (assurable) a conduit à la dépénalisation et la déresponsabilisation. Mais c'est oublier que l'assurance, au contraire, est conditionnée à la capacité à établir des règles de conduite responsable. Autrement dit, le dommage n'est assurable que si l'on connaît des moyens de le prévenir. Et l'assuré n'est dédommagé que s'il a adopté les normes de comportement qu'il fallait (cf. Tableau 3). Ce qui explique les limites actuelles du modèle assurantiel : si l'on ne sait pas assurer certains « nouveaux risques » comme les cyber-risques aujourd'hui, c'est précisément parce qu'ils sont mal connus, difficilement probabilisables et surtout parce que les mécanismes de protection fiables restent à définir. L'assurance ne peut fonctionner quand on n'est pas en mesure de définir les comportements responsables qui permettraient de les prévenir.

3. La mission : un régime de responsabilité conceptive ?

Libéralisation de la Société anonyme : innovation et progrès sociaux

Le schéma de l'objet social a mis du temps à se stabiliser. Au-delà des évolutions du schéma de responsabilité qu'on a vues avec la responsabilité sans faute, les critiques se multiplient à son égard dès le milieu du XIXe siècle. Ces critiques visent avant tout l'interventionnisme étatique et les limitations jugées excessives à la liberté d'entreprendre. Mais, notre analyse sur la fonction de l'objet social permet d'éclairer aussi pourquoi, à la fin du XIXe siècle, alors que le progrès technologique s'accélère et que les industriels souhaitent s'engager plus délibérément dans la recherche scientifique et l'exploration de nouvelles technologies, le schéma de l'objet social apparaît de plus en plus bloquant. On peut même considérer que la norme visant à limiter l'objet social aux activités peu risquées se révèle contre-productive, voire peu responsable. Car les dirigeants d'entreprises modernes à la fin du XIXe voient au contraire la création collective comme un vecteur de progrès collectifs et comme un gage de responsabilité. L'action collective est en effet d'autant plus responsable qu'elle ne s'attache pas seulement à prévenir une destruction de potentiel connu, mais qu'elle s'efforce de bâtir des potentiels nouveaux qui seront facteurs de progrès collectifs (nouveaux dispositifs de communication, nouvelles thérapies, etc.).

Après de nombreux et houleux débats, l'autorisation gouvernementale est finalement supprimée au nom de la liberté d'association en 1867. Cela ne signifie pas que les sociétés opèrent sans cadre normatif. Plus les activités deviennent innovantes et génératrices de risque, plus les normes de gestion s'imposent (voir tableau 4).

Construction de nouveaux potentiels
Progrès dP>0 Imputation (A→dP) Conception de nouvelles normes possibles pour A*' telle que A*' → dP >0
Ex. nouveau médicament

Tableau 4: La responsabilité en régime d'innovation

Historiquement, ce sont vraisemblablement les normes managériales qui se sont substituées au contrôle de l'objet social. Ce sont d'un côté les principes du management scientifique et de l'autre, des normes comme celle formulée par Fayol de «prévoyance», ou par Barnard de «*common purpose*», c'est-à-dire d'une finalité collective qui rassemble les aspirations individuelles, condition indispensable à la coopération (Barnard, 1938/1968; O'Connor, 2011).

Mais, au-delà de quelques auteurs et praticiens, de telles normes managériales n'ont jamais été reconnues en droit. En l'absence de conceptualisation de telles normes, une série de réformes a conduit à partir des années 1950 à en imposer d'autres, fondées sur la théorie de l'agence principalement, et visant à discipliner le comportement des dirigeants à l'égard des associés.

Absence de normes de gestion et entreprises à mission

Il y a incontestablement un enjeu à réintroduire les principes d'une gestion à la fois responsable et équitable à l'égard des différentes parties de l'entreprise (voir le premier chapitre d'A. Hatchuel dans cet ouvrage). Néanmoins, les enjeux se sont également déplacés depuis le début du XXe siècle. Car nous sommes entrés dans une période beaucoup plus marquée par ce que R. Laufer qualifie d'une crise de légitimité. Par rapport au schéma classique de responsabilité, les normes de gestion sont de plus en plus souvent lacunaires. Un cas comme celui des nanotechnologies l'illustrent parfaitement avec une très forte incertitude sur l'impact sur la santé et la sécurité des personnes. Franck Aggeri a parlé d'incertitudes partagées (Aggeri, 1999; Aggeri & Hatchuel, 2000) pour montrer comment, dans de telles situations, la question posée n'est plus de chercher comment imputer des responsabilités, tant les modèles du dommage et de l'imputation sont devenus incertains. La Charte de l'environnement dispose dans son article 4 que «*toute personne doit contribuer à la réparation des dommages qu'elle cause à l'environnement dans les conditions définies par la loi*», mais en situation d'incertitude partagée, le principe classique du «pollueur-payeur» ne fonctionne plus. Ceci explique également l'émergence du principe dit de précaution. Alors que la prévention renvoie au risque prévisible, calculable par la loi des grands nombres, la précaution avance une présomption de risque traduisant «la reconnaissance de l'incapacité fréquente de la connaissance scientifique» (Neuberg et al., 1997, p.110. cité par Micheaux, 2017, p. 37). Ainsi, dans le cas du charbon, on observe que les investisseurs sont de plus en plus nombreux à «désinvestir» des industries pétrolières et productrices d'énergies fossiles. Mais en amont, on pourrait aussi, et surtout, attendre des acteurs «responsables» qu'ils s'attachent à régénérer les connaissances pour trouver des principes et les moyens fiables et sûrs d'utiliser le potentiel des nanotechnologies de manière acceptable, légitime et soutenable.

En l'occurrence, une entreprise à mission qui se donne comme mission d'explorer de nouvelles sources soutenables d'énergie ou de chercher des solutions novatrices pour capturer et séquestrer le carbone pourrait considérablement changer le schéma de responsabilité. Car son action, si elle débouchait, pourrait proposer de nouvelles configurations de gestion «convenables» ou légitimes, et ainsi discréditer les modèles de gestion précédemment connus. C'est-à-dire, le cas échéant, donner lieu à de nouvelles normes de gestion. Une entreprise qui se donne pour mission de contribuer à la transition énergétique s'engage ainsi à un effort d'exploration qui doit permettre de sortir de la crise de légitimité.

Pour rappel, et comme l'ont montré les chapitres précédents, l'entreprise à mission introduit dans les statuts de la société une finalité collective au-delà de la lucrativité et de l'intérêt des associés. On peut résumer le modèle de l'entreprise à mission par trois propriétés de base:

- La formulation d'une finalité collective, d'ordre technique, social, environnemental, humain ou scientifique, qui dépasse la réalisation et la distribution d'un profit;
- L'engagement des actionnaires envers cette finalité, notamment au travers de l'inscription de cette finalité dans les statuts de la société;
- Des procédures de contrôle et d'évaluation adaptées à la mission, et permettant à l'ensemble des parties engagées, ainsi qu'à des personnalités qualifiées vis-à-vis de la mission formulée, de vérifier le respect des normes de gestion et de la mission par les dirigeants.

La caractérisation des différents régimes de responsabilité nous permet de comparer alors le schéma de l'objet social et celui de la mission.

Du dommage à prévenir au futur à construire

En premier lieu, l'objet social devait être contrôlé au XIXe siècle pour prévenir des dommages importants, et notamment le risque que la société contracte des dettes qu'elle ne pourrait pas rembourser. Aujourd'hui, comme nous l'avons indiqué, le contexte a radicalement changé. La mission dont une société se dote, vise à qualifier en quoi son entreprise peut contribuer à *transformer le monde dans un intérêt collectif.*

En l'occurrence, si les modèles de comportement et les solutions pour lutter contre le changement climatique font défaut, la mission peut précisément désigner la recherche de nouvelles solutions. Helen Micheaux a ainsi étudié comment les éco-organismes prenaient en charge ce qu'elle appelle une « responsabilité étendue des producteurs » : ces organismes sont chargés par les producteurs de déchets électriques de recycler les déchets qu'ils contribuent à mettre en circulation avec les solutions disponibles. Mais leur responsabilité collective tient aussi à ce qu'ils travaillent à élargir le spectre des produits recyclables et le taux de recyclabilité (Micheaux, 2017).

Un éco-organisme correspond à une entreprise dans laquelle la mission serait en quelque sorte imposée et contrôlée par l'État. Mais dans le cas le plus général, l'entreprise s'engage volontairement à conduire un effort pour explorer de nouvelles solutions (nouveaux modèles A*') et pour développer de nouvelles ressources d'action (nouveaux dP>0). Là où l'objet social était contrôlé pour éviter les activités dans lesquelles le niveau d'incertitude était trop élevées, la mission vise à engager une entreprise sur un « futur désirable » et à régénérer ainsi les normes de gestion lorsqu'elles font défaut.

De l'imputation d'un dommage à la volonté d'être auteur d'un changement

Notons que l'imputation change alors radicalement de nature : la société est libre mais se désigne pour être l'***auteur*** de nouveaux potentiels d'action (dP>0) ou de nouveaux modèles de comportements (A*')[5]. Il s'agit d'une imputation non encore véritable, mais qui reste, d'une certaine manière, à concevoir.

Ce qui compte ici, c'est l'***engagement*** de la société, pour que son action soit dirigée dans une certaine intention. Or, on sait aujourd'hui combien l'investissement dans l'inconnu est exigeant : la formulation de l'objectif et l'engagement volontaire de la société peuvent alors apparaître comme une condition pour que l'action collective puisse être mobilisée de façon stable, persévérante et efficace au cours du temps. Autrement dit, la mission, bien que volontairement définie, pourrait être une condition de la possibilité d'un futur souhaitable et un gage d'efficacité de l'action.

5 Ricœur note que la responsabilité relève étymologiquement de l'*ascription* : plus que l'imputation, c'est le fait de mettre un effet ou un phénomène sur le compte ou au crédit de quelqu'un.

Du contrôle des associés à l'engagement des associés

L'objet social permettait au XIXe siècle aux associés de délimiter l'espace discrétionnaire des dirigeants et à l'État de contrôler que les sociétés ne s'aventuraient pas dans des projets trop risqués. La mission renverse ce schéma.

D'une part la mission consiste toujours à donner les orientations stratégiques et les contours du mandat de gestion. Les dirigeants sont toujours tenus de la suivre. Mais la formulation d'une mission qualifie de ce fait l'espace discrétionnaire des dirigeants : elle désigne ce pour quoi les associés nomment les dirigeants, et ce pour quoi ils renoncent à leur propre capacité de gestion. Elle permet donc de découpler la mission des dirigeants de l'intérêt des associés. Ce point est essentiel, comme nous l'avons déjà souligné dans un chapitre précédent (Levillain et Segrestin dans cet ouvrage) parce qu'il rend possible et crédible la responsabilité sociale des entreprises. La RSE repose *a priori* sur l'idée que les dirigeants prendront en compte les enjeux sociaux et environnementaux parce qu'il en va de la pérennité même de l'entreprise. Mais si les dirigeants sont nommés par des associés et si leur action est appréciée uniquement au prisme de l'intérêt de ces derniers, alors l'intérêt à long terme de l'entreprise n'est plus une variable qui compte. De ce point de vue, la qualification d'une mission rend crédible et possible la RSE car elle habilite les dirigeants à prendre des décisions au nom de la mission même quand les actionnaires changent ou même si ces décisions sont susceptibles d'aller à l'encontre des intérêts des associés.

D'autre part, la mission, si elle définit les conditions de la latitude du dirigeant, définit également la responsabilité associée à cette latitude, celle d'exercer son autorité dans le sens de la mission. En dérivent très concrètement les obligations de reddition des comptes incombant aux dirigeants, et même, au-delà des dispositifs déjà mis en place par le législateur, de nouveaux mécanismes de contrôle possibles : comités de gouvernance *ad hoc*, mécanismes de rémunération liés à la performance sur la mission, évaluation par des parties prenantes non actionnaires, opposabilité de la mission pour des tiers, etc. La mission ouvre donc de nouvelles perspectives pour responsabiliser les dirigeants. Elle permet en outre de redistribuer les droits de contrôle : dans une entreprise à mission, l'évaluation de la gestion ne relève pas exclusivement des associés, mais elle est confiée aux parties engagées ainsi qu'aux tiers experts.

Le tableau 5 suivant récapitule le schéma de responsabilité qui en découle, en comparaison de celui de l'objet social historique.

Objet social Régime de responsabilité *préventive*	**Mission** Régime de responsabilité *conceptive*
Dommages à éviter (dP= dettes non remboursables <0)	Futur désirable à construire (dP>0 ou A'*)
Imputation Dommages imputable à la société (mais responsabilité limitée des associés)	*Engagement* Imputation souhaitée à l'entreprise d'un futur désirable (mais indécidable)
Contrôle de l'objet social : • Limitation de la latitude des dirigeants (contrôle des associés) • Limitation aux activités peu risquées (contrôle de l'État)	Engagement sur une mission : • Habilitation des dirigeants (engagement des associés) • Engagement pour l'innovation (contrôle par parties engagées et tiers experts)

Tableau 5 : Comparaison de deux régimes de responsabilité

Conclusion

S'il reste évidemment à étudier en pratique comment se décline et s'opérationnalise la responsabilité de l'entreprise à mission, nous nous sommes efforcés dans ce chapitre de caractériser différents régimes de responsabilité en fonction des connaissances disponibles ou non. Cela nous a permis de mettre en perspective le schéma proposé aujourd'hui d'entreprise à mission par rapport aux principes qui encadraient la création de société anonyme au début du XIXe siècle. Cet examen montre que la mission réinvente profondément le schéma de l'objet social, en l'adaptant aux enjeux contemporains d'innovation. La mission, en tant qu'engagement à un effort d'exploration, de recherche et d'innovation, apparaît en tout cas prometteur pour organiser une action collective à la fois efficace et responsable.

Références

Aggeri, F. (1999). Environmental policies and innovation: a knowledge-based perspective on cooperative approaches. *Research policy, 28(7)*, 699-717.

Aggeri, F., & Hatchuel, A. (2000). Innovation et production de la norme: les nouvelles formes de gouvernementalité dans le domaine de l'environnement. In *La production des normes entre État et société civile*, sous la direction de E. Serverin et A. Berthoud A., Paris : L'Harmattan, 95-133.

Barnard, C. I. (1968). *The functions of the executive*. Harvard University Press. Première édition.

Ewald, F. (1990). La société assurantielle. *Revue Risques, 1(juin),* 5-23.

Greenfield, K. (2001). Ultra Vires Lives! A Stakeholder Analysis of Corporate Illegality (With Notes on *H*ow Corporate Law Could Reinforce International Law Norms). *Virginia Law Review*, *87(7)*, 1279-1379.

Greenfield, K. (2008). *The Failure of Corporate Law: Fundamental Flaws and Progressive Possibilities*. Chicago: University of Chicago Press.

Hatchuel, A., & Segrestin, B. (2007). La société contre l'entreprise? Vers une norme d'entreprise à progrès collectif. *Droit et société, (1),* 27-40.

Josserand, L. (1897). *De la responsabilité du fait des choses inanimées.* Librairie nouvelle de droit et de jurisprudence.

Laufer, R. (1993). *L'entreprise face aux risques majeurs: à propos de l'incertitude des normes sociales.* Editions L'Harmattan.

Laufer, R. (1996). Quand diriger, c'est légitimer. *Revue française de gestion, (111),* 12-37.

Lefebvre-Teillard, A. (1985). *La société anonyme au XIXe siècle: du Code de commerce à la loi de 1867, histoire d'un instrument juridique du développement capitaliste.* Presses universitaires de France.

Micheaux, H. (2017). *Le retour du commun au cœur de l'action collective: le cas de la Responsabilité Élargie du Producteur comme processus de responsabilisation et de co-régulation* (Doctorat). MINES ParisTech PSL Research University.

Mizruchi, M. S. (1983). Who controls whom? An examination of the relation between management and boards of directors in large American corporations. *Academy of management Review, 8(3),* 426-435.

Notat, N., & Senard, J. D. (2018). *L'entreprise, objet d'intérêt collectif. Rapport aux Ministres de la Transition écologique et solidaire, de la Justice, de l'Economie et des Finances, du Travail.* La Documentation Française. Consulté à l'adresse http://www.ladocumentationfrancaise.fr/rapports-publics/184000133-l-entreprise-objet-d-interet-collectif

O'Connor, E. (2011). *Creating New Knowledge in Management: Appropriating the Field's Lost Foundations*. Stanford University Press.

Ricoeur, P. (1995). Le concept de responsabilité. Essai d'analyse sémantique. In P. Ricoeur (Éd.), *Le Juste* (p. 41-70). Paris : Editions Esprit.

Robert, C. (1896). *De la liquidation judiciaire des sociétés : loi du 4 mars 1889 - sociétés de commerce proprement dites et sociétés civiles par actions, commercialisées par la loi du 1er août 1893.* Paris: L. Larose.

Saleilles, R. (1897). *Les accidents de travail et la responsabilité civile. Essai d'une théorie objective de la responsabilité délictuelle.* Paris: A. Rousseau.

Segrestin, B., & Hatchuel, A. (2012). *Refonder l'entreprise.* Paris: Seuil.

Thiveaud, J.-M. (1993). L'ordre primordial de la dette: Petite histoire panoramique de la faillite, des origines à nos jours. *Revue d'économie financière, (25),* 67-106.

Postface

Jean-Baptiste de Foucauld

Inspecteur Général des Finances honoraire, ancien commissaire au Plan
Ancien Président de Solidarités Nouvelles Face au Chômage
Président des Amis de Pontigny-Cerisy

L'entreprise ne fait pas seulement tourner l'économie, elle transforme la civilisation comme l'a remarqué Armand Hatchuel. Elle le fait par le progrès technique, lui-même induit par le progrès des sciences. Son impact dépasse donc, et de beaucoup, on pourrait même dire de plus en plus, sa fonction première. Le livre que l'on vient de lire appelle cette prise de conscience, dont nous voyons bien les effets aujourd'hui, par exemple avec la révolution numérique, que nous n'avons pas collectivement décidée, mais qui s'impose irrésistiblement à tous. Ou encore par les effets négatifs du mode de développement actuel sur le climat et la biodiversité.

Sa seconde leçon, c'est qu'il est essentiel de s'intéresser à l'entreprise, qui n'est pas une donnée de nature, mais une construction culturelle, variant selon les lieux et les époques ; d'en démonter les ressorts profonds et souvent cachés sous les règles de droit ; d'en détecter les normes de fonctionnement, explicites ou non, afin de déterminer si son fonctionnement, en définitive, concoure ou non à l'intérêt général, tant pour les générations présentes que pour les générations futures.

Cela est d'autant plus nécessaire que l'entreprise, en elle-même, est en quelque sorte, un « Point aveugle du savoir », comme l'avait montré en son temps le colloque de Cerisy consacré à ce sujet[1], explicité par les travaux des Bernardins. Le droit en effet ne distingue pas et donc confond l'entreprise, organisation rationnelle complexe destinée à produire des biens ou des services à moindre prix, et la société (au sens juridique du terme), qui réunit des apporteurs de capitaux. Ces derniers, responsables sur leurs apports, non sur leurs biens propres, désignent et révoquent les dirigeants de l'organisation, ce qui leur peut leur donne une influence considérable : dans quel esprit, alors, cette influence est-elle exercée ? S'avère-t-elle globalement favorable ou non à la société, prise ici comme l'ensemble que constituent les citoyens ?

1 Segrestin, B., Roger, B., & Vernac, S. (2014). L'entreprise : point aveugle du savoir. Sciences Humaines.

Pour beaucoup d'observateurs, le bilan, qui apparaissait plutôt positif au cours des trente glorieuses, est devenu négatif : le chômage de masse, souvent de longue durée, frappe en profondeur les peuples, avec de lourds effets induits ; le système épuise les ressources dont il se nourrit ; quant à l'argent, il n'est plus seulement moyen légitime, il est devenu fin en soi[2]. L'actionnariat a profondément changé : il s'est industrialisé, son *affectio societatis* avec les sociétés s'est affaibli, quand il n'a pas purement et simplement disparu; il est devenu à la fois plus distant et plus prégnant sur la vie de l'entreprise, imposant souvent aux dirigeants, et par leur intermédiaire aux salariés, des exigences de rentabilité pesantes et parfois destructrices, peu soucieuses de recherche et de solutions à long terme. La grande transformation évoquée par Polanyi est devenue grande déformation, selon Olivier Favereau.

En un mot, la profitabilité, si elle est la condition de survie de l'entreprise, ne peut pas être sa seule raison d'être. L'impact est trop puissant. L'entreprise ne peut plus se désintéresser du collectif, du civique, de l'intérêt général. Sa réforme est devenue cruciale pour ne pas dire vitale dans le nouveau contexte mondial. Mais la voie à suivre n'a rien d'évident, et l'histoire économique est pleine de tentatives avortées en la matière.

Un bon exemple est donné par l'obligation qui est faite aux entreprises cotées de développer leur responsabilité sociale et environnementale et de faire régulièrement rapport sur la mise en œuvre de cette démarche, d'ailleurs peu définie. L'intention est évidemment louable, et peut avoir des effets positifs si elle est conduite avec sincérité et si elle ne remet pas en cause la profitabilité visée ou, mieux encore, la conforte. Mais les risques de pur affichage («le greenwashing») sont réels et surtout la démarche parait bien fragile, tant sur le plan juridique que sur le plan managérial : un effet qui serait négatif sur la rentabilité, les changements de personnes, plus ou moins motivées à cet égard, les difficultés conjoncturelles ou structurelles de l'entreprise, l'arrivée d'actionnaires partisans de «gestion alternative» (traduisons : de profitabilité accrue) sont de nature à faire mettre discrètement au placard les quelques réalisations en cours.

Pour pallier ces insuffisances, les chercheurs auteurs de ce livre explorent avec talent et une réelle capacité de conviction la voie de l'entreprise à mission, dont il existe déjà quelques prémices aux États-Unis. Il s'agit d'inscrire dans les statuts de l'entreprise la mission qu'elle se donne vis-à-vis de la société prise dans son ensemble, mission qui engage par conséquent de manière stable les actionnaires. Cette mission qui peut être générale (respecter la norme iso 26 000 par exemple) ou spécifique (contribuer à une action sociale particulière) s'ajoute ainsi au souci de rentabilité, peut même indirectement aboutir légitimement à l'amoindrir ou

2 Voir Foucault, J.B. de (dir). (2016). *Peut-on apprivoiser l'argent aujourd'hui ?* Paris : Hermann.

encore à en prescrire un emploi particulier (par exemple dans des activités de recherche à buts lointains). Elle peut se décliner en objectifs opérationnels. Sa mise en œuvre peut être contrôlée et évaluée selon des dispositifs particuliers qui font appel nécessairement à la participation des «parties prenantes» de la mission, lesquelles se trouvent ainsi concrètement, enfin, mises dans le jeu de la vie de l'entreprise. Les dirigeants retrouvent ainsi, vis-à-vis des actionnaires, les marges d'action qu'ils ont perdues, ce dont d'ailleurs ils se plaignent. Si l'on ajoute à cette évolution une montée en puissance progressive de la codétermination de la gestion avec les salariés, on voit bien que c'est un nouveau type d'entreprise qui peut se mettre en place peu à peu. Se situant dans les réflexions générales sur le management, ils démontrent, là-aussi de manière plausible, que ce dispositif reconstitue la chaîne largement défaillante aujourd'hui qui relie engagement de l'actionnaire/délégation aux dirigeants /normes de gestion/contrôle et évaluation.

Le lecteur aura certainement été sensible à la densité de l'argumentation. J'aurais même tendance à élargir celle-ci. Il me semble que le dessein poursuivi est aussi de redonner des bases éthiques à l'entreprise et à l'économie de marché, de revenir aux sources en somme, dans un contexte différent. En se dotant d'une mission, l'entreprise se relie volontairement et spécifiquement à l'intérêt général, autrement que par la main invisible du marché, souvent aveugle, il faut en convenir. Elle se redonne du sens, ou plus de sens, et en donne non seulement à des dirigeants, mais aussi à ses salariés, attachés à leur travail, source première d'identité aujourd'hui, mais déplorant souvent sa trivialité et son manque de perspectives généreuses. Cela est particulièrement vrai des jeunes générations, des trentenaires, tentés de fuir la grande entreprise pour ces raisons, soucieux de dépasser un individualisme désormais bien ancré par un minimum de reliance clairement explicité au collectif. Antidote à la crise du sens au travail, l'entreprise à mission peut aussi servir de repère à des acteurs fragiles qui ont besoin de se renforcer, qu'il s'agisse d'investisseurs socialement responsables ou de consommateurs éco-responsables. Ajouter à l'Économie sociale et solidaire, aux entreprises dites sociales, un ensemble d'entreprises à mission, élargirait ainsi heureusement le pluralisme de notre socio-économie.

Mais est-ce suffisant pour corriger la force du mainstream ? Cette question, le lecteur se la sera certainement posée tout au long de sa lecture et il convient de tenter d'y répondre en conclusion.

Les auteurs, bien que de manière implicite, ne tombent pas dans le piège de l'obligation. Le fait pour une société anonyme de se doter d'une mission doit rester, pour eux, un acte volontaire. Il n'en sera que plus sincère. Une obligation conduirait à tous les détournements, à de purs affichages. L'idée en outre est trop neuve pour être généralisée d'emblée ; elle doit au préalable être expérimentée et évaluée, quand bien même on entendrait un jour en faire la norme habituelle.

Faut-il craindre alors qu'elle ne reste que marginale et peine à se développer, jouant alors un faible rôle dans la correction du système ? Tout dépendra donc en définitive de la capacité des acteurs à s'emparer de cette nouvelle disposition pour en faire un instrument de transformation, de leur capacité éthique en somme. Cela concerne :

- les actionnaires eux-mêmes, ceux qui s'intéressent à l'ISR, et peuvent agir activement dans les Assemblées générales ; y compris d'ailleurs les salarié-actionnaires, dans le cadre notamment de l'épargne salariale, qui peuvent mobiliser leurs droits de vote pour proposer des résolutions intégrant une mission dans les statuts ;
- les dirigeants eux-mêmes, qui peuvent peser de tout leur poids pour convaincre leurs actionnaires de compléter leurs statuts ;
- les syndicats, qui auraient intérêt à s'approprier l'idée et à l'inclure dans leurs revendications.

Mais l'Etat aussi peut jouer un rôle incitatif puissant. Il pourrait par exemple, après quelques années d'expérimentation, obliger les entreprises de quelque importance à soumettre à leurs Assemblées générales la question d'intégrer, ou non, une mission ou une « raison d'être » dans leurs statuts. Le simple fait que le débat ait lieu, qu'il soit systématique, serait en soi un acte important. L'Etat pourrait aussi préciser la ou les missions de ses services publics ou de ses sociétés d'économie mixte. Il pourrait aussi renouveler ses politiques publiques en suscitant des sociétés d'économie mixte chargées de promouvoir telle ou telle mission (ou en prenant des participations dans des sociétés les ayant adoptées). Enfin, il pourrait chercher un relai auprès des l'Union européenne et des institutions internationales, comme l'OCDE pour promouvoir ce nouveau modèle d'entreprise à l'échelle internationale et éviter qu'il ne reste cantonné à quelques pays pionniers.

Il ne faut pourtant pas attendre de cette réforme plus qu'elle ne peut donner. La réforme de l'entreprise aura bien du mal à s'imposer si on ne remédie pas à l'excès de la chrématistique actuelle, si elle ne s'adosse pas à une anthropologie moins utilitariste et plus convivialiste. C'est ce que le *Pacte Civique*[3] s'efforce de promouvoir à sa manière, en essayant de cultiver les quatre valeurs de créativité, sobriété, justice et fraternité, à tous les étages, générant ainsi une nouvelle culture qui concerne évidemment l'entreprise. Il faut en effet insérer la réforme de celle-

3 www.pacte-civique.org

ci dans une démarche systémique. C'est la condition de sa réussite. Elle ne peut pas réussir seule, dans un univers hostile.

C'est dire qu'on ne peut pas non plus faire l'économie d'un travail sur les régulations qui fixent les règles du jeu de l'entreprise. La résistance vis-à-vis de l'entreprise financiarisée suppose un accompagnement par les politiques publiques. Par exemple, ne faut-il pas interdire les rachats d'actions par les sociétés, ces rachats qui visent à augmenter le bénéfice par action mais fragilisent les entreprises et incitent ensuite à les découper par appartements ? Ne faut-il pas une convention internationale pour interdire les stock-options, ces instruments qui, permettant de gagner beaucoup sans jamais perdre, sont contraire à l'esprit d'entreprise, et ont servi à aligner les comportements des managers sur les désirs des actionnaires plus que sur les besoins des entreprises, nuisant ainsi à l'idée même de codétermination et d'objet social élargi ? Ne faut-il pas mettre en place en Europe un impôt sur les sociétés dont le taux serait progressif en fonction du taux de rentabilité, les entreprises cherchant une rentabilité exagérée et prélevant ainsi un excès de substance sociale étant ainsi obligées de la redistribuer ? Il faudrait aussi parler du mode de fonctionnement du commerce international et de la mondialisation. Bref, la réforme de l'entreprise doit s'inscrire dans un plan d'ensemble, et c'est cela que les travaux futurs devront approfondir.

Remerciements

Ce livre résulte d'un programme de recherche pluridisciplinaire sur l'entreprise, engagé dès 2009 au Collège des Bernardins. Impulsé par Olivier Favereau, Baudoin Roger et Armand Hatchuel, il a réuni de nombreux chercheurs pendant près de 10 ans[1]. Ce livre reprend et prolonge pour l'essentiel les travaux menés dans l'un des axes de ce programme, qui partait du statut des dirigeants et des modèles d'association, pour proposer une théorie de la mission de l'entreprise responsable et des normes de gestion. Plusieurs chercheurs ont activement contribué à cet axe et à la fécondité des échanges : notre reconnaissance va notamment à Sandrine Blanc, Christophe Clerc, Mathieu Detchessahar, François Meunier, Pierre-Olivier Monteil, Pierre-Louis Périn, Baudoin Roger, ainsi qu'à Laure-Anne Parpaleix, Jérémy Lévêque et Samantha Ragot. L'autre axe, piloté par Olivier Favreau, était dédié à l'étude de la codétermination, de ses fondements, de ses formes et de ses effets. Ses résultats n'ont pu être repris ici, mais cet axe a été déterminant dans la dynamique de nos recherches. Aussi tenons-nous à remercier très chaleureusement l'ensemble des chercheurs ayant participé au programme des Bernardins, et tout particulièrement Olivier Favereau et Baudoin Roger.

Nous tenons également à exprimer notre gratitude à la direction du Collège des Bernardins et à son conseil scientifique, pour avoir rendu possible et soutenu durant près de dix ans le programme. Celui-ci a bénéficié d'autres soutiens importants, et notamment celui d'Edith Heurgon, directrice du Centre Culturel de Cerisy, ainsi que celui des partenaires de la Chaire « Théorie de l'Entreprise. Modèles de gouvernance et création collective » de MINES ParisTech. Qu'ils en soient ici vivement remerciés.

Pour les auteurs, Kevin Levillain et Blanche Segrestin.

1 Le troisième cycle du programme, intitulé « Gouvernement de l'entreprise et création de communs » était piloté depuis fin 2015, par une équipe constituée d'Olivier Favereau, Armand Hatchuel, Kevin Levillain, Blanche Segrestin et Stéphane Vernac.

Suite des titres de la collection

Grégory Rolina, *Sûreté nucléaire et facteurs humains.*

Erik Hollnagel, François Pieri, Eric Rigaud (editors), *Proceedings of the third resilience engineering symposium.*

Erik Hollnagel, Eric Rigaud (editors), *Proceedings of the second resilience engineering symposium.*

Olivier Bomsel, Anne-Gaëlle Geffroy, Gilles Le Blanc, *Modem le maudit.*

Claude Riveline, *Evaluation des coûts.*

Olivier Bomsel, Gilles Le Blanc, *Dernier tango argentique.*

François Huwart, Bertrand Collomb, *Les nouveaux circuits du commerce mondial.*

Thierry Weil, *Invitation à la lecture de James March.*

trèfle

Achevé d'imprimer
par TREFLE Communication, Paris
LEREVEREND Imprimeur
en janvier 2020
N° d'impression: 9661
dépôt légal: janvier 2020

Imprimé en France